Recupere a Su Esposo

Antes Que Sea Muy Tarde

Gary Smalley

Dr. Greg Smalley

BETANIA

Para Norma
quien durante treinta y cuatro años ha sido mi mejor amiga,
compañera, amante y apoyo. Gracias por recuperarme.
—Gary

Para las tres personas que diariamente me recuerdan las cosas
que son importantes en el matrimonio y en la vida: Erin,
Taylor, y Madalyn.
Con todo mi amor.
—Greg

Betania es un sello de Editorial Caribe

© 2001 Editorial Caribe
Una división de Thomas Nelson, Inc.
Nashville, TN—Miami, FL (EE.UU.)

email: editorial@editorialcaribe.com
www.caribebetania.com

Título en inglés: *Winning Your Husband Back: Before It's Too Late*
© 1999 Gary Smalley
Publicado por Thomas Nelson, Inc.

Traductora: Evelyn Wallace

ISBN: 0-88113-559-3

Impreso en EE.UU.
Printed in U.S.A.

2a Impresión

Contenido

Contenido

Reconocimientos

Este libro representa las contribuciones de mucha gente que se esfuerzan para entender mejor el matrimonio y por ayudar a las parejas casadas. Primero y muy destacado, el reconocimiento para nuestro amigo, guía, y colega el Dr. Gary Oliver, quien ha proporcionado mucha sabiduría y discernimiento, tanto personal como profesionalmente a través de los años. Queremos reconocer al Dr. Larry Keefauver por el trabajo diligente y profesional que nos brindó durante el desarrollo de este manuscrito.

También apreciamos profundamente el talento y apoyo de Terry Brown y el personal del Centro de Relaciones Smalley (Smalley Relationship Center). Gracias, Jim y Suzette Brawner, Jimmy Funderburk, Roger Gibson, Sheila Green, Debbie Meyer, John Nettleton, Michael Smalley, Norma Smalley, Sheila Smethers, Lori Vanderpool y Terri Woolsey.

Queremos expresar nuestro profundo aprecio a las personas y parejas que han compartido sus vidas y sus jornadas matrimoniales con nosotros. Gracias, Trish y Rick Tallon, Shelly Creed,

Debbie-Jo White, Cary Jones, Kay Hammer, Kim Feder, Melissa Tomlinson, Wendi Schroeder y Susan Butterfield.

Le damos las gracias a Mike Hyatt por su entusiasmo en el desarrollo de este proyecto. También agradecemos a Cindy Blades y el personal de Thomas Nelson por su apoyo y pericia durante este proceso.

Lo más importante, le damos gracias al Señor por sus bendiciones y por hacer tantas cosas con el evidente propósito de nuestro aprendizaje y crecimiento.

Capítulo
Uno

Desarrolle un plan general

La vida de un palo de golf

Yo era el último y mejor nuevo palo de golf cuando un jugador principiante me compró. Inmediatamente hicimos un equipo especial. Conmigo él golpeaba la bola más lejos y recto.

Mi golfista le dijo a todo el mundo lo especial que yo era y cómo él nunca había jugado mejor antes de mí. Me llevó al Club después de una ronda y continuó elogiándome. Cuando me llevó a casa, me pulió y lustró y me llevó a su dormitorio en lugar de dejarme en el garaje con sus otros palos de golf. Me sentí muy especial y consentido. Traté de ayudar a desviar el tiro y subir alto por el campo trasero y continuar hasta llegar.

Ocasionalmente, lanzábamos una bola dentro del agua o sobre terreno escabroso, pero ganamos muchos torneos y él ganó mucho dinero conmigo. Algunas veces podía sentir su fuerte agarre o balanceábamos muy rápido y fallábamos una bola. En esas ocasiones, algunas veces se ponía emotivo y me culpaba, pero luego se animaba, recuperaba su equilibrio y continuaba ganando.

Comenzamos a jugar más y más y su agarre poco a poco se ajustó y golpeaba más fuerte. Golpeamos bolas en toda clase de lugares malos. Mi golfista cada vez se volvía más frustrado y enojado y me culpaba todo el tiempo. Me lanzaba furiosamente dentro de la bolsa sin mi cobertor. Una vez incluso me lanzó dentro del lago solo para luego venir a recogerme más tarde. Traté de seguir su balanceo; pero la línea y el ritmo estaban lejos. No podía desviar el lanzamiento como antes.

Su enojo creció y dejó de llevarme al cuarto del club después de una ronda o a su habitación en las noches. Él incluso le dijo a todo el mundo que no sabía por qué me había comprado y que nunca había golpeado bien conmigo. Yo estaba muy disgustado y ofendido.

Varias personas sugirieron lecciones con el «profesional», pero mi jugador de golf se negó, diciendo que no había nada de malo en su balanceo. Dijo que las faltas eran por la gente en el campo, el clima, su dolor de cabeza, el ruido de los otros jugadores y por el palo de golf (que yo era muy largo, muy rígido, muy liviano, con un peso incorrecto, y así sucesivamente).

Finalmente, un día, después de un mal lanzamiento, él explotó y me lanzó sobre el suelo después de golpear el carromato conmigo. ¡Estaba tan enojado! Cuando llegamos a casa, me tiró en la esquina del garaje. Gracias a Dios tenía mi cobertor puesto.

Ya no fui más al campo de golf. Pronto los nuevos palos que compró para reemplazarme me hicieron compañía en la esquina del garaje, diciendo que su agarre era muy fuerte para ellos y que se balanceaba muy rápido.

Un día, de nuevo me puso en su bolsa de golf y me llevó donde un profesional a tomar clases. Una falla en el balanceo fue corregida aquí y allá. Algunas de mis abolladuras fueron reparadas y mi agarradera renovada y lustrada. Ninguno de los jugadores fue cambiado, sino más bien, ambos fuimos renovados. Pronto estuvimos golpeando la bola lejos y recto, justo como antes. Comenzamos a ganar de nuevo y fuimos la envidia de los otros jugadores.

Este fue un «cuadro verbal emotivo»[1] que recibimos, escrito por una mujer cuyo marido había abandonado su matrimonio. Ella escribió: «David, quiero que entiendas cómo me siento acerca de nuestra vida juntos y el divorcio. Siempre me sentí segura de que estábamos comprometidos el uno con el otro para el resto de nuestras vidas hasta que quisiste terminar nuestra relación y dejar de compartir tu vida conmigo. Esta fue la base que me hizo consciente de que cualquier dificultad que enfrentáramos, trabajaríamos juntos para resolverla, en esto estábamos completamente comprometidos. Nunca dudé de tu compromiso. Ahora me siento como el palo de golf en el garaje. Solo se necesita la decisión y el «profesional» para volver a pulir el compromiso con nuevas habilidades y conocimientos para construir una intimidad más profunda. Esto implica una decisión».

Así como lo entendió esta mujer, el proceso de recuperar a su esposo requiere de varios ingredientes importantes, como encontrar «profesionales» (Cristo, expertos, familia, amigos, guías y otros apoyos), hacer una decisión de amar y permanecer casado, y desarrollar nuevas habilidades y conocimientos. Nuestra esperanza es que usted encuentre la clave para estos importantes problemas, así como para otros, en las páginas de este libro. Únase a nosotros mientras iniciamos el trayecto para recuperar a su esposo.

¡Este libro es para usted!

Este libro es para aquellas mujeres que han notado que se está formando una distancia entre ellas y sus esposos. La brecha puede ser como una grieta del Gran Cañón que parece virtualmente imposible de salvar. O podría ser una fisura que lentamente se ensancha y desarraiga los cimientos de su matrimonio, como la raíz de un árbol que gradualmente empuja contra una acera hasta producir una grieta y luego aparece una ruptura. Lo que una vez fue un caminar juntos sobre terreno suave, sólido y parejo está ahora disparejo y a punto de romperse.

El distanciamiento en su relación puede ser precipitado yrepentino o lento e imperceptible, forzando y estirando las costuras de la cercanía que una vez los mantuvo unidos en un amor que esperaban fuera para siempre.

Recupere a su esposo antes que sea muy tarde es para usted si es una esposa...

- cuyo esposo está emocionalmente ausente aunque no físicamente.
- cuyo esposo ha estado involucrado en un romance y ahora desea restaurar su matrimonio.
- cuyo esposo ha mantenido un romance y usted quiere recuperarlo.
- cuyo estilo de vida o carrera la ha mantenido muy ocupa-

da para permanecer emocional o físicamente cerca de su esposo.

• que se ha centrado en su relación con los niños y ha abandonado a su esposo.

Determine dónde está usted

Es tiempo de valorar dónde se encuentra su relación matrimonial en este momento. ¿Qué distancia existe entre usted y su esposo? Marque una X sobre la siguiente línea continua para señalar el lugar donde la relación se encuentra:

Comenzando a alejarse	Separación emocional	Separación física	Alejamiento	Divorcio

Mientras más lejos a la derecha del centro se ubique, más difícil será invertir la dirección hacía donde se está dirigiendo. Al hacer esta evaluación usted ha dado un paso importante. Ha enfrentado la realidad en la que se encuentra.

Si se le hace difícil marcar sobre la línea, usted posiblemente se encuentre en negación. La negación es el rechazo a aceptar y ver las circunstancias tal cual son. Dígase la verdad a sí misma. Si tiene una confidente, pregúntele a ella el lugar dónde marcaría la X. Observe cuán cercana es su percepción de la realidad comparada a la de ella.

Tan pronto como haya admitido donde se encuentra su relación, tiene algunas alternativas a elegir.

1. Puede decidir permanecer enojada y culparse a sí misma o a su esposo. Esto la hará permanecer estancada exactamente donde se encuentra ahora hasta que el sufrimiento sea tan insoportable que finalmente admitas: ¡No puedo continuar así para

siempre! El enojo y la culpa son terriblemente autodestructivos y devastadores para cualquier posibilidad de futura reconciliación con su esposo. El enojo es para el matrimonio lo que el comején y la podredumbre son al tratar de reconstruir una casa. ¿Por qué colocar nuevas planchas y empapelado a una pared cuyos tabiques han sido devorados por las termitas? Mientras que la superficie puede verse muy bien por un corto tiempo, el edificio entero está condenado a derrumbarse hasta que ambas, las termitas y la podredumbre, sean eliminadas. Lo mismo sucede con una relación matrimonial. Permanecer estancada en el fango del enojo y la culpa solo causará el deterioro de su matrimonio hasta que finalmente se desintegre.

2. Puede decidir lamentarse y deprimirse. Cuando un enfermo está en fase terminal, su familia puede empezar a lamentarse por la pérdida aun cuando su ser amado todavía está respirando. Los enfermos terminales a menudo dicen que se han sentido abandonados por su familia al comenzar los preparativos para el funeral mientras el paciente está con vida. Si se lamenta con respecto a su matrimonio, posiblemente esté llenando su certificado de defunción. ¿A qué marido le gustaría estar al lado de una esposa siempre deprimida? Si el matrimonio no está muerto, no lo entierre prematuramente.

3. Puede decidir negociar con Dios o con su esposo. Esta actitud se caracteriza por «Si haces _____, yo haré _____». El negociar busca manipular a Dios o al esposo para que sean quienes queremos que sean o para que hagan lo que queremos que hagan. Si una esposa decide hacer esto, trata de negociar los términos de la reconciliación con su marido alejado. O trata de lograr que Dios acepte y bendiga su plan para restaurar el matrimonio. La negociación está condenada a ser un triste fracaso. Solo alejará más a su esposo.

4. O simplemente puede decidir evaluar la situación objetivamente, aceptar la realidad, y negarse a permanecer estancada en el mismo lugar. Ahora está lista para el siguiente paso.

Ha dado el primer paso, que es reconocer que existe la distancia entre usted y su esposo, ya sea física o emocional. Él puede o no querer trabajar en la reconstrucción de su matrimonio. Él no es la clave; ¡usted lo es! Si decide recuperarlo, entonces es hora de que comience tal como lo hizo Norma en nuestro matrimonio hace años.

Al borde del peligro: Cómo me recuperó Norma

Recuperar al esposo me toca muy de cerca. Yo (Gary) conozco este asunto bien, o debería decir que mi esposa, Norma, sabe bien cómo recuperar a su esposo, ¡yo! Así fue. Al inicio de nuestro matrimonio, Norma y yo enfrentamos el problema de cómo reunirnos de nuevo a través de los kilómetros de distancia que separaban nuestra relación. Le pedí a Norma que les cuente con sus propias palabras cómo comenzó a perderme y cómo tomó aquellos primeros pasos cruciales para recuperarme.

Seis semanas después de casarnos en 1964, comencé a sentirme muy sola. De soltera, nunca me había sentido así, y por lo tanto no sabía en realidad lo que estaba sucediendo. Estábamos en una ciudad nueva y vivíamos en un nuevo apartamento. Cuando examiné mis sentimientos tratando de entender por qué me sentía sola y por qué no me sentía feliz de estar casada, me di cuenta de que todas las cosas en la vida de Gary parecían ser más importantes que yo.

Él era estudiante a tiempo completo y director del grupo juvenil en nuestra iglesia. Esto significaba largas horas fuera de casa estudiando y atendiendo eventos juveniles como juegos de baloncesto. Por supuesto, para esta época yo estaba embarazada, y esto trajo consigo otra persona que necesitaba su tiempo y atención. Trató de encajarme en algún lugar, pero conforme pasaban los meses, comenzamos a distanciarnos más y más el uno del otro. Empece a sentirme sola. Nunca tuvimos entrenamiento en asunto de relaciones humanas. Por lo tanto, no sabía cómo expresar mis verdaderos sentimientos para lograr que él respondiera de forma positiva. Con gran frustración decía: «No compartes tiempo conmigo. Cuando no estás en el colegio, estás en la iglesia dando consejería o en reuniones con jóvenes. No conozco a nadie en la iglesia. Me siento sola en la iglesia». Creo que él pensó que estaba exagerando. Siempre me contestaba a la defensiva: «Sabías cuando nos casamos que Dios ocuparía el primer lugar en mi vida, que las personas del ministerio ocuparían el segundo, y que tú ocuparías el tercer lugar». Pienso que la cosa más triste es que no tuvimos el discernimiento para saber que debíamos buscar consejería.

Cada vez que esta acción negativa recíproca tenía lugar, la distancia entre nosotros parecía ensancharse más y más. Generalmente él se marchaba y yo permanecía sentada y en silencio repasando mis pensamientos una y otra vez. Lo peor es que comencé a sentirme necia pues le «recordaba» a Gary mis necesidades en la relación. Esto era muy perjudicial. En los más profundo de mi ser sentía que algo andaba muy mal. Pero no tenía el conocimiento ni el entrenamiento para saber qué era. Así que solamente acepté esta situación y de vez en cuando hablábamos de ella. De esta manera, este se convirtió en nuestro patrón de vida por los primeros tres años de matrimonio.

Había muchas veces en las que me sentía culpable por exigir ser una prioridad mayor para mi esposo. Verdaderamente respetaba su gran amor al Señor y su dedicación al ministerio. Esas fueron las verdaderas cosas que me atrajeron a él, la razón por la cual deseaba ser su esposa. No podía comprender mi anhelo de estar más arriba en sus prioridades. Nada de esto tenía sentido para mí. La mayoría de las veces escondía mis sentimientos verdaderos pues me hubiera agotado una confrontación. Gary poseía una personalidad mucho más fuerte y a mí me gusta la paz a toda costa. Por lo que permanecía en silencio pero dolida y anhelante en mi interior.

Durante este tiempo Gary había comenzado a asistir a un seminario impartido por Bill Gothard. Era maravilloso. Fue la primera luz de esperanza que vi al final de este túnel. Varias veces después del seminario, Gary me preguntó cómo me sentía y sinceramente tomaba nota de ello. Pero después de varios meses, esto tuvo poco efecto. Ahora él estaba tratando de convertirse en un experto en su campo. Esto significó más tiempo con la gente de la iglesia y con el grupo juvenil. Profesionalmente estaba en el cielo. Otra cosa que apareció en escena fue su tiempo personal. En sus días libres o durante cualquier tiempo libre, quería mirar el fútbol o ir a pescar con alguien. Me volví más y más frustrada pues me sentí empujada a un nivel inferior.

Comenzamos a discutir más a menudo, lo cual solo agregaba más distancia entre nosotros. Entonces él decía: «Oye, tengo una oportunidad de pasar mi día libre pescando con algunos hombres de la iglesia. ¿Tú qué piensas?» Esto era un insulto para mí, ya que sus días y sus tardes las pasaba en la iglesia con esa gente, no podía creer que quisiera quitarnos el tiempo a mí y a nuestros pequeños niños para ir a pescar. Una cosa era someterme a él para hacer el trabajo de Dios en la iglesia, pero yo no estaba dispuesta a aceptar lo de la pesca. ¿No éramos nosotros más importantes que un pez?

Al mismo tiempo recuerdo la culpa espiritual que experimenté por haber dicho cómo me sentía: De nuevo sentía que una esposa siempre debe preferir lo que su esposo desea sobre lo que ella desee. Pero aún creía bien dentro de mí que algo estaba mal. Algo acerca de sus prioridades me parecía fuera de equilibrio. Pero no sabía cómo enfrentarme a él sin sentirme interiormente muy avergonzada. En lugar de actuar así frente a los niños, decidí que fuera el silencio el que hablara por mí. Así es como iba a ser y tendría que vivir así.

En esta época, Gary se había involucrado más con el seminario de Gothard en Chicago. El Señor comenzó a actuar en su vida y se interesó en saber qué estaba mal conmigo. Si alguien le hubiera preguntado a Gary: «¿Amas a tu esposa más que a la pesca?», es obvio que hubiera dicho: «Absolutamente». Si le hubieran preguntado si amaba más al grupo juvenil o a la gente de la iglesia, en ese tiempo habría dicho: «No». Pero él no entendía que no me estaba valorando como una de sus prioridades.

Un día Gary vino a casa sorpresivamente durante la hora de almuerzo. Los niños estaban durmiendo la siesta. Me hizo varias preguntas que me causaron gran ansiedad. «Norma», me dijo suavemente, «¿qué es lo que ves que está mal en nuestra relación? ¿Por qué no sientes que eres la primera, una importante prioridad en mi vida?». Lo miré en silencio por unos pocos segundos. No quise contestar. Estos momentos eran muy duros para mi pues podían durar horas y quizás finalmente terminarían con una lectura de Proverbios 31. Pero Gary era persistente. Volví mis ojos y pensé: *haré esto una última vez.*

Hablamos por horas, como en el pasado; sin embargo, esta vez en lugar de recibir una reprimenda para convertirme más en el estilo de la mujer de Proverbios 31, una luz se encendió en la mente de Gary. Realmente comprendió lo que le estaba diciendo.

Cuando Gary me repetía las cosas sentía que tenía la razón, sin embargo no sentía gran esperanza de que ocurriera un cambio. Pero debido a mi compromiso matrimonial, no tenía otra alternativa. Mi fe en el Señor me decía que aceptara que Gary quería cambiar. Que él deseaba conocer mis necesidades. Esto fue algo que dejó huella en el tiempo para nosotros. Él había tenido un crecimiento en su relación con el Señor. Comenzó a entender que yo ocupaba el quinto y quizás el sexto lugar en su vida. Sin embargo, hasta que comprendiera por mí misma algunas cosas, no estaría aún en el camino correcto que me permitiría «recuperar» a mi esposo.

En ese momento, comencé a darme cuenta que mi nivel de satisfacción en nuestra relación no tenía que ver con el hecho de que mi esposo me hiciera sentir una prioridad en su vida. En lugar de esto, necesitaba salir a su encuentro y comenzar a recuperarlo en nuestro matrimonio. Este discernimiento fue un principio fundamental que aprendí. Debido a mi compromiso matrimonial comprendí que necesitada convertirme en un jugador dentro del equipo. En otras palabras, en vez de esperar que Gary hiciera cambios, yo debía alentarlo a él en lo que estaba haciendo. Necesitaba elogiarlo por las pequeñas cosas que hacía, lo cual me parecía un poco ridículo. Eran cosas bien evidentes, pero comprendí que tenía dejarle saber cuándo hacía algo pequeño que me hacía sentir importante. Cuando él decía: «Esta noche no quiero ir a la iglesia. Solo quiero estar contigo», tenía que hacer de ello algo grande para que él viera los resultados. Le decía: «Gary, me haces sentir que soy muy importante cuando te quedas en casa en lugar de ir a la iglesia. Gracias». Fue sorprendente. Podía ver su cerebro computando y analizando mi respuesta: *Si esta es la respuesta que obtengo al quedarme en casa en vez de ir a la iglesia, ¡imagínate si me quedara en casa en vez de ir a pescar!* Ese día comenzó en realidad a hacerme sentir que era importante. Aprendí una valiosa lección en esos primeros años: Es más probable obtener resultados positivos cuando se alaba a una persona por las cosas buenas que hace, que cuando la corrige por lo malo que hace. Tomar la responsabilidad por mí misma fue uno de los cimientos que Dios utilizó para fortalecer nuestro matrimonio. También tuve que ser valiente en las ocasiones en que tuvimos algún retroceso. Era mi responsabilidad expresar mis sentimientos aun cuando esto significara una posible discusión o, peor, un sermón.

Todavía no estábamos recibiendo ninguna clase de crecimiento en la relación esposo-esposa que no fuera la que Gary recibía de Bill Gothard y que por cierto centró su vida en el Señor. De inmediato, mi relación con el Señor pasó a ser prioritaria. Fui movida a empezar a estudiar y comencé leyendo Génesis para tratar de entender.

Una de las cosas bellas que siento que recibí de las Escrituras fue entender que cuando un hombre y una mujer se casan, él debe dejar su familia y entregarse a su esposa. Es un designio perfecto del Señor. No tenía que sentirme culpable pues Dios quería que sintiera que era número uno. Esto no era egoísta. De hecho, cuando me sentía como la número seis, era algo así como el termómetro que le informaba a Gary y me permitía saber que no estábamos creciendo juntos, pero sí en direcciones opuestas. Fue de gran ayuda para mí saber que necesitaba mantenerme muy activa en compartir mi tiempo conversando con Gary acerca de nuestra relación.

Ahora es tiempo de comenzar a recuperar a su esposo.

Yo (Gary) estoy muy orgulloso de Norma. Ella no esperó hasta que yo comenzara a hacer las cosas bien para comenzar a dar los pasos para acercarse más a mí. Note que tomó la iniciativa de comenzar a afirmarme y apoyarme. En lugar de fastidiarme acerca de mi excesivo trabajo, comenzó a encontrar formas de acoplarse conmigo en esas áreas que eran importantes para mí. También se acercó más a Dios. Y dejó de sentirse culpable con respecto a querer más de nuestra relación.

Puede que usted esté en un lento deslizamiento o en caída libre en una catarata hacia la separación o aun hacia el divorcio en su matrimonio. De cualquier forma, ahora es el mejor momento para que comience a recuperar a su esposo al tomar pasos positivos en su amor al Señor, a usted misma y a su esposo.

¿Cuál es su plan?

Imagine construir una casa sin buenos cimientos o con cimientos de arena o lodo. Renovar o decorar su hogar no tendría sentido pues en cualquier momento la casa completa podría derrumbarse debido a unos cimientos defectuosos. Lo mismo sucede al reconstruir una relación con su esposo. Los cimientos originales de su matrimonio se han desintegrado. Su casa está en caos. Ahora que ha decidido volver a comenzar, desarrolle un plan integral para recuperar a su esposo.

Cuando alguno de los dormitorios en su casa está horrible o necesita ser renovado con urgencia, el cambiar los muebles a otra posición dentro de la habitación no hará la diferencia. Un decorador de interiores comenzaría por trabajar desde los cimientos, cambiando desde el piso, el recubrimiento de las paredes, los marcos de las ventanas, el color, los muebles y los accesorios. Un plan completo o estrategia serán necesarios.

Igualmente, recuperar a su esposo requiere más que una simple reorganización de las cosas viejas dentro de su relación. Por ejemplo, usted puede decidirse por pelear de una forma diferente a como lo hizo en el pasado, pero si los mismos muebles viejos de los enojos sin resolver permanecen, entonces nada cambiará genuinamente en su matrimonio. Una alfombra manchada puede arruinar un dormitorio tanto como un enojo maloliente y putrefacto del pasado puede arruinar un matrimonio. Como dije en *Para que el amor no se apagu)*, el enemigo número uno del amor en el matrimonio son los enojos sin resolver.

Volvamos a nuestra analogía de remodelar o construir una casa. Usted puede comenzar a reconstruir una cocina con solo tomar un martillo y derribar los gabinetes o puede diseñar un proyecto y contratar a un contratista para ayudar en la renovación paso a paso.

Para restaurar, necesitamos pintura, argamasa, plomería, cable eléctrico y mucho, mucho más. Puede que no queramos derribar la casa completa. La chimenea antigua puede ser un valioso recuerdo mientras que la vieja alfombra de lana debe eliminarse. Cualquier cosa que incorporemos dentro de la nueva casa, debe ser de acuerdo al plano, no por simple capricho.

Lo que descubrirá en este libro

Lo mismo sucede para recuperar a su esposo. Con una casa, se necesita un plano maestro del lugar que muestre cómo cada cosa se colocará sobre el terreno. En el matrimonio, se necesita un plano que le proporcione una visión para hoy y el próximo paso a seguir mañana. Además, el plan debe comenzar desde los cimientos. ¿Qué diseño de croquis o anteproyecto puede hacer para reforzar o construir unos buenos cimientos?

Acompáñenos mientras aprendemos juntos cómo salvar las diferencias que se pueden dar dentro del matrimonio debido a la infidelidad, la insensibilidad, el enojo, las ofensas, malas actitudes, palabras y acciones poco amorosas. En este libro usted aprenderá los siguientes elementos claves para recuperar a su esposo:

1. Establezca a Cristo como su máxima satisfacción en la vida. A menudo creemos en falsas satisfacciones: la gente, los lugares, las cosas. El cimiento de su casa debe ser Cristo.

2. Sea completa. ¿Cómo se siente usted, en cuerpo, alma y espíritu? Una casa es tan limpia y saludable como lo sea el ama de casa. Su casa será el reflejo de usted.

3. Obtenga apoyo. Como cuando usted decide reconstruir su hogar, es vital obtener la ayuda de otros propietarios, constructores, carpinteros, pintores, y profesionales.

4. Descubra formas de llenarse de energía durante el proceso de la reconstrucción. La tarea de reconstruir su casa desde los cimientos puede ser agotadora. Le describiremos cuatro elementos claves que le pueden proporcionar energía instantánea para seguir adelante.

5. Honre a su esposo. Por toda su casa hay muchas cosas de gran valor, como esas raras antigüedades. Le mostraremos cómo identificar y honrar las antigüedades de su esposo.

6. Haga renacer el entusiasmo en su esposo. Durante años, usted ha abierto agujeros en las paredes, derramado cosas en la alfombra, roto las cortinas, y ha causado otros tipos de daños en su casa. Le mostraremos como revertir el daño que puede haber causado a su hogar.

7. Perdone a su esposo. A lo largo de los años, su esposo también ha dañado su casa. El proceso de reconstrucción no llegará a verse con la belleza que quiere a menos que primero perdone todo el daño causado en el pasado.

8. No permita más daños. Establecer nuevos límites le puede ayudar a construir protección alrededor de su casa para librarla de más daños emocionales y físicos.

9. Comuníquense. La buena comunicación que escucha, comienza suaveemnte y responde positivamente puede mantenerla cerca de su esposo. Descubra que cuando usted es libre de perderlo es libre también para recuperarlo.

10. Conviértase en una estudiante de su esposo. Para lograr reconstruir, renovar, restaurar con éxito su hogar, primeramente debe saber qué necesita cada habitación para verse linda. Le ayudaremos a aprender sobre las necesidades más importantes de su esposo en su relación.

11. ¿Qué si él no regresa? Aun si usted se ha entregado a Cristo y sigue cada principio en este libro, su esposo puede elegir no corresponder a sus esfuerzos de reconstrucción. Si esto ocurre nosotros le mostraremos cómo convertir esto en un triunfo.

Conozca a los verdaderos «expertos»

En los siguientes capítulos, exploraremos juntos cómo recuperar a su esposo antes que sea muy tarde. Escucharemos a algunas esposas que han compartido con nosotros sus experiencias acerca de cómo lograron recuperar a sus esposos. Lo que estas mujeres aprendieron y los resultados de otras parejas, nos ayudarán a alentar y fortalecer su relación no solo con su esposo sino también con Dios y con usted misma.

Permítanos presentarle brevemente a algunas de estas esposas a través de un corto comentario de cada una. Quizás se encuentre sintiendo y diciendo el mismo tipo de cosas.

Debbie: Se inició con un distanciamiento que llevaba años. No nos comunicábamos del todo. Luego comencé a darme cuenta que él estaba prestando mucha atención a la mujer con la que trabajábamos ... permanecía durante horas en citas al dentista y venía a casa muy tarde. Estaba viéndose con ella. Finalmente le dije: «Bien, ¡o ella o yo!»

Cindy: Yo estaba pasando un tiempo muy difícil pues era su apoyo emocional y él simplemente no lo era para mí. Yo había sido abusada sexualmente cuando niña. Necesitaba su apoyo pero él no tenía ni idea de cómo tratar a una esposa o cómo ser un esposo. Busqué en otro hombre el apoyo y me involucré con él. Estaba anoréxica, deprimida y suicida. Todos los fines de semana pasaba tiempo con este otro hombre. Estaba enfadada con mi esposo, con Dios y conmigo. Lo necesitaba pero no sabía corresponderle.

Heidi: Yo lo tenía todo: una linda casa, cuatro hijos maravillosos y un próspero estilo de vida. Desde fuera cualquiera diría que todo era perfecto. Pero interiormente, me estaba muriendo. Teníamos los atavíos externos para una relación entre ambos y con Dios, pero interiormente no había nada.

Sandi: La razón primordial por la que me casé con mi esposo fue por la devoción y lealtad de su familia. Mi familia no era así. Pensé que él siempre estaría allí para los niños y para mí. Siempre sentí que en la vida de un esposo, la esposa iba después de Dios. Yo nunca fui segunda. Nunca fui tercera. Nunca fui cuarta.

Brenda: Me di cuenta que nos estábamos perdiendo en nuestras ocupaciones. No era asunto de amoríos. Era simplemente con el trabajo, otras organizaciones o comprometiéndonos más de lo debido. Me estaba perdiendo en todas estas responsabilidades. Lo que hice fue permitir que él siguiera haciendo todas sus cosas y yo me alejé de él.

Amber: Cuando me casé, me encargué de todo e hice todo lo que quería. Nuestro hogar no era de la forma que Dios deseaba que fuera. Dios a la cabeza, el hombre después de Él, y luego la esposa. Yo sabía que la manera en que lo estabamos haciendo era incorrecta debido a que la carga era muy pesada.

Como estas mujeres le mostrarán, su relación con usted misma es decisivamente importante en la búsqueda de recuperar a su esposo. Un buen comienzo para recuperar a su esposo es el amarse a sí misma y amar a Dios. Hace siglos Jesús enseñó: «Amarás, pues, al Señor tu Dios con todo tu corazón, con toda tu alma, y toda tu mente. Este es el primero y el más grande de los mandamientos. El segundo es similar: Amarás a tu prójimo con el mismo amor con que te amas a ti mismo». (Mateo 22.37-39; LBD) Antes que pueda encontrar la fuerza para amar a su esposo y quizás recuperarlo; necesita aprender una vez más cómo amar a Dios y a usted misma.

Al final de este viaje podría recuperar a su esposo, o él podría negarse a regresar. De cualquier manera, usted vivirá con el Señor y con usted misma por el resto de su vida. Una relación victoriosa con Dios y con usted la mantendrá en pie sin importar la forma en que su relación matrimonial se resuelva. Si desea trabajar en amarse a usted misma, a Dios y a su esposo con la esperanza de recuperarlo, entonces este libro es para usted.

Finalmente, podría preguntarse: «¿Por qué debo yo tomar la iniciativa, el primer paso?» Alguien tiene que hacerlo, ¿por qué no usted? Si desea recuperar a su esposo, entonces hay algún riesgo implícito. Sí, las ofensas y el rechazo son posibilidades. El dar un primer paso no garantiza el éxito rápido o fácil. Es difícil, arriesgado y a veces doloroso. Sin embargo, comenzar a reducir la distancia entre usted y su esposo por medio de la comprensión puede significar el deshielo de su relación casi congelada. Y sin importar la reacción de su esposo, positiva o negativa, usted habrá aceptado y afirmado quién es usted y quién es él en Cristo. ¡Y ese «triunfo» no se lo podrán robar nunca sin importar la forma en que su esposo elija responderle!

Su casa puede estar comenzando a derrumbarse o puede ser ya un caos completo. Su condición no determina su futuro. Usted sí. ¡Recuperar a su esposo comienza con su relación con Cristo! Así es que ¡comencemos!

Capítulo
Dos

Encuentre satisfacción en la vida

Todos anhelamos entregarnos por completo a alguien para tener una profunda relación espiritual, para ser amado completa y exclusivamente. Pero Dios le dice al cristiano:

Espera, no será hasta que primero estés satisfecho, complacido y contento con ser amado por mí que te daré el amor verdadero. Ya verás, primero debes entregarte totalmente y sin reservas a mí, descubrir que solo en mí hallarás satisfacción. Solo entonces, serás capaz de tener la relación humana perfecta que tengo para ti.

Nunca podrás estar completamente unido a otra persona hasta que estés unido conmigo. Apartado para cualquiera o cualquier otra cosa, quiero que dejes de planificar, dejes de desear y permitas que yo te traiga esas cosas. Debes permanecer mirando y experimentando la satisfacción que Yo soy, esperando que yo haga la más grande de las cosas. Más importante, sigue escuchando y aprendiendo lo que te muestro. ¡Solo espera ... eso es todo!

No esté ansiosa, y no te preocupes. No mires lo que otros han recibido, o qué les he dado. Solo sigue mirándome, de lo contrario perderás lo que te estoy enseñando. Entonces, cuando estés lista, te daré un amor mucho más maravilloso que el que siempre soñaste.

Más que todo, quiero que mires el cuadro de tu relación conmigo y disfrutes la eterna unión de belleza, perfección y amor eterno que yo te ofrezco. «Créelo y estarás satisfecha».

Hija mía, hasta que estén preparados (Incluso estoy trabajando este momento para que ambos estén listos al mismo tiempo, para que los dos estén satisfechos y contentos conmigo y con la vida que les he preparado), no podrán experimentar el amor que ejemplifica su relación conmigo, esto es, el amor perfecto.

Lo anterior, titulado «Amor Perfecto», es una bella ilustración del perfecto diseño de Dios para nuestra vida. Él quiere convertirse en nuestro «primer amor». De las diferentes y dolorosas experiencias que yo (Gary) tuve, he aprendido que buscaba el amor, la paz, y el gozo en lugares equivocados. En otras palabras, había pasado toda mi vida buscando un sentido de importancia y seguridad. Pero lo buscaba en el lugar equivocado. Desde entonces, he aprendido que todos tenemos objetivos similares en la vida. Si nuestras vidas fueran como una copa, cada uno de nosotros querría llenarla con sabiduría, amor, gozo y paz. Nos gustaría tener vidas rebosantes con emociones positivas y satisfacción genuina. Desde muy temprana edad, comenzamos a buscar lo que pensamos puede llenar nuestras copas con estas cualidades positivas. Desafortunadamente, como yo (Gary) escribí en el libro «*Gozo que perdura*» (Joy that lasts), la mayoría de nosotros busca una de esas tres fuentes, o las tres, para la plenitud de la vida que de verdad queremos. Sin embargo, como un espejismo, estas fuentes destellan satisfacción pero solo traen polvo a nuestras almas.

Fuente #1: Esperar que las *personas* llenarán nuestras copas. El primer lugar donde muchos tendemos a mirar es a la gente. Pensamos: *Si realmente quiero llenar mis necesidades y ser feliz, debo tener a otra persona a mi lado.* Sin embargo, esos que buscan a otros a la larga descubren que estos no pueden llenar su copa. Otros pueden estar frustrados e irritados y vaciarán tanta energía emocional como tienen, o más. A veces los esposos pueden ser una tremenda fuente de ayuda y apoyo, pero también pueden decepcionarnos a lo largo del recorrido. Podemos mirar a los maridos como la fuente de emociones positivas, pero a veces también pueden abrir agujeros en nuestra vida emocional. Lamentablemente, algunas personas tendrán una aventura para tratar de «llenar su copa». El dulce sabor de las aguas robadas podrían parecer que llenan la vida de uno, pero es realmente como tomar agua salada fría. El sabor amargo del pecado puede causar grandes agujeros en nuestras copas y dejarnos más vacíos y más miserables de lo que nunca imaginamos.

Fuente #2: Buscar *lugares* para satisfacción. «¡Necesitamos una casa! Eso es, necesitamos un lugar con una linda vista y árboles que sean la envidia del vecindario. Si solo tuviéramos el lugar correcto para vivir, nuestra copa estaría llena». ¿Cuántos hemos hecho eco de estas palabras? O quizás, unas vacaciones o una nueva oficina con un ventanal , estas ciertamente llenarían nuestra copa hasta el borde. Entonces vamos a esa isla remota o compramos esa casa especial, vivimos en ella por un corto tiempo, y repentinamente nuestra vida comienza a ir mal. En parte es cierto porque mientras más grande sea la casa, mayor cantidad de objetos habrá que reparar. Podemos instalar una piscina en nuestro patio, una chimenea en nuestra sala o comprar una cabaña en la montaña, pero el patio, la sala o la cabaña no nos llenarán. ¿Por qué? En parte porque no importa qué tan lindos o acogedores estos lugares parezcan, no tienen cabida dentro de nuestras copas personales. En su lugar, tienen bordes filosos que perforan agujeros en nuestras vidas. Lo que es más, ¡la gente con la que compartimos esas cosas es la misma que vacían nuestras copas! Pero si la gente y los lugares no llenan la parte más profunda de nuestro ser, ¿hacia dónde podemos dirigirnos para finalmente encontrar amor, paz y gozo?

Fuente #3: Buscar *cosas* para la satisfacción. Quizás más dinero para poder comprar más cosas. Muchos de nosotros sentimos que si solo tuviéramos más dinero, seríamos más felices en la vida. Pero estudio tras estudio de gente que «se ha hecho millonaria» nos demuestra que esto no es así. Mientras más dinero hagamos, mayor es la sabiduría que tenemos que tener para manejarlo. Ahora, sé que a muchos no nos importaría aprender esa clase de sabiduría. Pero para recibir dinero, normalmente tenemos que pagar un precio personal. Thomas Carly una vez dijo: «Por cada persona que puede manejar la prosperidad, hay cientos que no pueden manejar la adversidad». El dinero por sí solo, y todas las cosas que este puede proporcionar, no logran llenar nuestras vidas con la clase de agua viva que desesperadamente queremos. He conocido gente en todo el país que tienen poco dinero y son desdichados. Y he conocido otros que tienen mucho dinero y son desdichados. He conocido gente con cabañas en la montaña y carros de tercera clase que sí se sienten satisfechos. Y algunas personas que conozco apenas tienen el pasaje para el autobús y también se sienten realizados. Mucha gente que depende de las «cosas» para llenar sus copas termina buscando un empleo «perfecto» que pueda ser el boleto para todos sus sueños. Todos los empleos comparten algo: el trabajo. Y el trabajo no necesariamente mantiene nuestra copa llena. Puede vaciarse debido a la gente con la que trabajamos, al lugar donde lo hacemos, y el equipo que tenemos que utilizar. Algunos de nosotros tratamos durante nuestra vida de adquirir una llave para obtener cierto puesto dentro de una compañía, o un lugar en el parqueo con nuestro nombre. Cuando logramos nuestro cometido, sin embargo, ¿que tenemos? ¿Estamos finalmente llenos de sabiduría, amor, paz y gozo? Difícilmente. A menudo sucede lo contrario.

Salir del vacío en la vida

En algunas ocasiones nos damos de frente con una realidad inescapable: la vida no es satisfactoria. En realidad a menudo es injusta y agobiante. Nunca podremos verter suficiente gente, lugares o cosas dentro de nuestras copas personales para mantener nuestras vidas llenas y rebosantes con la satisfacción que tanto deseamos. Sin lugar a dudas muchas personas con vidas llenas de desesperación emocional consideran el suicidio como una salida. Al enfocarnos en la gente, los lugares y las cosas, dejamos de lado las emociones positivas que queremos y nos cargamos de estas emociones negativas que hemos tratado de evitar durante toda nuestra vida. Esto resulta en sentimientos heridos, preocupación, ansiedad, miedo, zozobra, incertidumbre y confusión puesto que estamos dependiendo de una persona, un lugar, o una cosa para «vivir».

Todos nos enfrentamos a la tentación de acudir a gente, lugares, y cosas para llenar nuestras copas. Somos egoístas al querer que otros colaboren para satisfacer nuestras necesidades ahora mismo. Pero aquellos que son sensatos se dan cuenta que existe un camino hacia la libertad, lejos de este sentimiento de insatisfacción.

Buscar primero la fuente de la vida

Como nos escribió en su carta , Cindy entendió el poder de descubrir la principal fuente de vida, Jesucristo:

Yo estaba considerando el divorcio cuando casualmente miré uno de los comerciales informativos con Frank y Kathie Lee Gifford. Me dije: *¿Qué tiene de malo?* Así que ordené el juego de doce videos, *Las claves ocultas para las relaciones amorosas* (Hidden Keys to Loving Relationships). Para ese entonces, mi esposo y yo llevábamos tres años en consejería matrimonial. Mi esposo, Scott, le había entregado nuestro matrimonio al Señor, pero yo no servía al Señor en forma alguna. De hecho, había estado involucrada con otro hombre por cerca de cinco años. Scott miraba con gusto cada video conmigo, y tomó la decisión para amarme y perdonarme. Debido a esto, vi un pequeño resplandor de esperanza para nosotros cuando él trató de poner en práctica sus enseñanzas. Así pues, nunca le pedí el divorcio, pero mi corazón estaba extremadamente frío hacia él.

Durante esos cinco años también estuve tratando con retrospecciones a mi niñez, anorexia y bulimia, depresión maníaca y abuso sexual. Mi mente y mi vida eran un desastre, para decir lo mínimo. En algún lugar dentro de todo esto, una luz se encendió. Me di cuenta que todas estas «cosas» eran los síntomas de un problema grave. Le pedí a mi siquiatra que me suspendiera todos los medicamentos. Él me dijo que los efectos secundarios al dejarlos serían peores que cualquiera de los que ahora sentía. *¿Cómo podrían ser peores?*. Le pedí a algunas personas de nuestra iglesia que oraran y nunca tuve ni un solo efecto secundario. ¡Gloria a Dios!

Cuando mi mente se aclaró, comencé a pensar que quizás realmente había un Dios. Entonces mi esposo asistió a su primer evento de los Promise Keepers (Cumplidores de Promesas) en un estadio. Regresó a casa renovado. La bola realmente comenzó a rodar. Muchas veces cuando teníamos alguna discusión matrimonial, mi esposo me decía, «¿Recuerdas lo que Gary Smalley dijo en su video?» Todo este tiempo Dios estuvo trabajando en mí. Finalmente, el 30 de abril de 1996, Dios derrumbó las paredes alrededor de mi corazón endurecido. A pesar de que no soportaba estar en la misma habitación con mi esposo, había dejado mi aventura amorosa de años. Esa noche le imploré al Señor, «¡Señor, cámbiame!» En un lapso de cuarenta y ocho horas comencé a amar a mi esposo en una forma nueva. Comenzamos a mirar sus videos de nuevo, tratando juntos de poner en práctica sus enseñanzas. Mientras Dios comenzó a restaurar nuestro matrimonio y a mí, oré para que Dios nos usara para tocar la vida de otros matrimonios. Ahora nosotros estamos compartiendo estos videos con un pequeño grupo de parejas en nuestra iglesia y hemos iniciado un grupo bajo nuestra responsabilidad. Durante este año pasado he experimentado el poder sanador de Dios tanto en mi vida mental como en mi vida física. ¡Esto no es otra cosa que un milagro!»

Mateo 6.33 nos muestra claramente la fuente de vida de la que Cindy escribió. «Mas buscad primeramente el reino de Dios y su justicia, y todas estas cosas os serán añadidas». En mi vida (Gary), cuando Dios está en el primer lugar, Él promete llenar todas mis necesidades. Trato de amar a Dios con todo mi corazón. En otras palabras, Él es la prioridad más grande en mi vida. Cuando me concentro en Cristo Jesús como la única fuente de mi vida, algo asombroso ocurre. Él me ama y realmente posee la sabiduría, el amor, la paz, y el gozo que siempre quise. Solo Él puede hacer rebosar mi copa. Es exactamente lo que Él promete hacer por sus hijos: «Y de conocer el amor de Cristo, que excede a todo conocimiento, para que seáis llenos de toda la plenitud de Dios» (Efesios 3.19). ¿Puede uno llenarse más cuando ya está lleno? Por supuesto no.

Si yo (Gary) alguna vez comienzo a sentir preocupación, temor, angustia, o cualquier otra emoción negativa, le doy gracias a Dios por ello. Luego oro y le pido perdón por poner la mirada en algo que es menos que Él. Finalmente, le ruego que sea solo Él llene mi vida. El Salmo 62 dice que nosotros debemos esperar y confiar solo en Dios. Él es nuestra roca, nuestra salvación, nuestra proteccion, nuestro lugar secreto. ¡Él es todo lo que siempre necesitaremos! Nada en este mundo se compara con conocerlo (Filipenses 3.7-9).

En el capítulo uno le presentamos a Heidi. Nos gustaría relatar la historia de cómo Cristo la restauró a ella y su matrimonio de tal manera que Él se convirtió en la satisfacción de su vida.

Heidi alejó mucho a Johnny al tratar de competir con su amante y sus negocios. Su esposo creció en una famila de comerciantes y se le enseñó que los negocios estaban primero, después los niños, y finalmente la esposa. Ella se quejaba a él: «Si yo bailara sobre una mesa mientras tu estuvieras pensando en un trato de negocios, nunca podría obtener tu atención».

Cuando trató de desviar su atención de los negocios y más

hacia ella, el esposo de Heidi se negó a hablar más sobre sus intereses. «Nosotros no tenemos un problema, tú lo tienes», solía replicar.

Por lo que cuando Heidi comenzó a ponerse en medio de Johnny y su amante, los negocios, él simplemente trabajó más y más. Por otro lado, Heidi comenzó a vaciar sus penas en los antidepresivos.

Yo (Gary) conozco de primera mano la noche en que ella decidió abandonarlo pues estaba allí. Heidi y Johnny vivían en el mismo pueblo que Norma y yo. Una noche, mientras escribía mi libro *El amor es una decisión* (Love is a Decision), decidí salir para un mandado. ¡Norma estaba fuera del pueblo y se me cerró la casa! Como estaba erca de la casa de Johnny y Heidi, me detuve allí y ellos me invitaron a pasar la noche con ellos hasta que pudiera obtener la ayuda de un cerrajero a la mañana siguiente.

Temprano en la mañana, Heidi me dijo, «Tengo que sacarlo de aquí pues voy a dejar a Johnny hoy».

«¿Por qué harías una cosa así?», le pregunté asombrado. Luego me senté y compartí con ella algunos de los principios libro que estaba escribiendo, y la reté para que intentara ver si éstos funcionarían en su matrimonio.

Luego, Heidi compartió conmigo:

Conversar con usted, Gary, fue el principio de tener un rayo de esperanza en que Dios podía reconstruir las ruinas de mi desvencijado matrimonio. Esa noche hice el compromiso de darle un año. Pero mirando atrás, me doy cuenta que no fue sino hasta que hice la decisión de que el divorcio no era una opción, que realmente comencé a trabajar en la relación. Sin embargo, durante las siguientes semanas, luché por aplicar los principios de una buena relación que usted enseña, pero me di cuenta que no tenía la plenitud del poder de Dios para lograr el objetivo de recuperar a mi esposo.

Comencé a buscar la Palabra de Dios en forma activa. Usualmente necesitaba dormir mucho. Johnny era tan dominante que si él se acostaba quería que yo también lo hiciera. Esperaba que todos estuvieran dormidos. Entonces algunas veces me tomaba varios minutos para salirme sigilosamente de la cama para no despertar a Johnny. Para empeorar las cosas, como teníamos una casa vieja, las escaleras chirriaban cuando yo trataba de bajarlas de puntillas. Johnny solía gritar «Heidi, qué estás haciendo? ¡Vuelve a la cama!» Entonces comencé a guardar una almohada dentro de mi clóset.

En las horas tempranas de la mañana, tan pronto lograba que se durmiera, me iba a mi clóset. Me sentaba en el piso con mi almohada y la Biblia en mano, rogando a Dios que me proporcionara respuestas. Literalmente leí dos Biblias hasta que las páginas estaban cayéndose. Hasta esta fecha, conservo ambas Biblias pues son un excelente recordatorio de la lealtad de Dios. Puedo abrir mi Biblia y ver las páginas manchadas con mis lagrimas.

Aun más, anotaba lo que esa noche aprendía en la Palabra, que luego trataba de poner en práctica. Fue entonces que las cosas empezaron a cambiar. La persona que antes necesitaba diez o doce horas de sueño comenzó a necesitar solo seis horas y luego cuatro. Hubo algunas noches en las que permanecí despierta toda la noche rogando a Dios por respuestas.

Desafortunadamente, el tiempo que pasé orando y leyendo la Biblia en el piso del clóset era solo parte del plan de Dios para mi vida y mi matrimonio. Todavía necesitaba hacer algunos cambios de comportamiento. Pero yo continuaba a menudo haciendo cosas que nos alejaban. Me deprimía y peleaba con

Johnny. O lanzaba sobre él todos mis sentimientos y problemas al mismo tiempo. Él se retiraba de la relación, visiblemente agobiado por mi descarga emocional.

Uno de mis cuadros verbales emotivos era que me sentía como un payaso en un circo. Recuerdo cuando trajeron un gran barril con agua, y colocaron al payaso en una tabla sobre el barril. Entonces alguien intentaba dar en el blanco para que el payaso cayera al agua. Yo pensé que mi vida era como la del payaso sentado sobre la tabla. Johnny siempre tiraba algo sobre mi talón de Aquiles, tratando de hundirme dentro del gran barril de agua.

Pronto aprendí que mientras más trataba de comunicarme, más rechazada me sentía. Tenía muchas necesidades emocionales que mi esposo debía llenar y me volví dependiente de que él las llenara en lugar de permitir que Dios llenara mi copa. Finalmente, dejé de acercarme a él. Sentía ahora que cuando Johnny golpeaba en el blanco (al decirme cosas abrumadoras por ejemplo) yo no podía seguir. Me sentí como si me sumerjían en un barril de alcohol.»

La importancia de la oración

Nada cambia sin oración. La distancia actual entre usted y su esposo no cambiará sin oración. Podría comenzar diciendo esta clásica oración de aceptación escrita por Evelyn Underhill. «Aleja de mí todso los impedimentos y enséñame a aceptar en su lugar todo lo que tú aceptas: las incesantes demandas, necesidades, conflictos, presiones, malos entendidos, aun de aquellos que más amas.»

Heidi oró. Heidi compartió con Greg cómo la oración los ayudó a ella y a su esposo a acortar la distancia que los separaba.

Al buscar recuperar a mi esposo, aprendí a ser una guerrera de oración en el clóset y estudiosa de la Palabra. En vez de orar, «Señor cambia a Johnny», mi actitud cambió y mi corazón cambió. Mi corazón tenía que ser correcto delante del Señor. Esto no sucedería hasta que mi corazón estuviera limpio ante Él. Era una prisionera; una prisionera en una casa espléndida con cosas encantadoras a mi alrededor. Todas las antigüedades y cosas lindas no hacen a una persona feliz o satisfecha en la vida. Es solo cuando vivimos para Cristo Jesús que nuestras vidas estarán siempre llenas. Podemos intentar algunas cosas; podemos incluso tomar la Palabra de Dios y tratar de aplicarla, pero si no tenemos el poder de resurrección del Espíritu Santo, entonces no podemos vivir esas verdades. Es como subirse a un automóvil sin gasolina. No iremos a ningún lugar si no tenemos gasolina. Se necesita la gasolina del Espíritu Santo para movernos en dirección a un cambio positivo.

Además, comencé a ver cómo Dios me ayudaba a recuperar a Johnny en cosas muy simples. Johnny me pedía hacer cosas que en tiempos pasados me hubieran llevado a un verdadero ataque de cólera. El Espíritu Santo me retó para que desarrollara una nueva actitud (Filipenses 2). Entonces me sometí a esa nueva actitud. Si Johnny quería que hiciera algo que yo no quería hacer, en vez de lanzar un ataque de cólera, lo hacía. Cuando me convertí en sierva de mi esposo, esto me recordó lo que leí en 1 Pedro 3, que nosotros podíamos ganar a nuestros esposos sin una sola palabra., que podíamos ganarlos por nuestra conducta y un espíritu afable y apacible.

Y no había nada de apacible en mí. Uno de los versos habla de la pureza del corazón de Sara. Yo necesitaba un corazón puro para ser obediente, no por Johnny, ni siquiera para recuperarlo, sino para honrar al Señor Jesús. Cuando comencé a vivir delante de Johnny con mis ojos fijos en el Señor en lugar de en los míos o en los de Johnny, él comenzó a ver mayores cambios en mi vida. Entonces al ver los cambios él dijo: «Me sentaba en mi oficina a pensar en las cosas que sabía que no harías por mí. Luego iba a casa y te retaba a que las hicieras. Me sentaba y esperaba tu respuesta. Una y otra vez, me impactaste con tus acciones. Lentamente comencé a enamorarme de la nueva persona en que te estabas convirtiendo. Menos peleona, menos dependiente, más fuerte, y lo más importante, más feliz».

Dios realmente estaba trabajando en las vidas de ambos.

No abandone la oración. Cuando se sienta mal con su matrimonio o con usted misma, se verá tentada a no orar. Podría decirse sí misma «¿Qué bien hará esto? En nada ayudará. ¡Todo es tan fútil y sin esperanza!» Esta clase de ataques del enemigo de su alma la desalentarán y le robarán el gozo y la esperanza.

Orar por su matrimonio será una de las más poderosas y efectivas herramientas para recuperar a su esposo. Note nuestra paráfrasis de las palabras de Pablo en Efesios 6:18: «Oren todo el tiempo, aunque no tengan deseos de hacerlo, y en toda ocasión aun en los malos tiempos cuando su matrimonio está en el abismo, en el poder del Espíritu Santo y no en su propia fuerza. Permanezca alerta a lo que está sucediendo entre usted y su esposo y sea persistente en sus oraciones, no cese o se dé por vencida, por todos los cristianos en todo lugar (especialmente usted y su esposo) sin importar si él está más cerca o distante que nunca».

Sea responsable en su vida de oración. La mejor forma de ser constantes en la oración es tener compañeros de oración con los cuales orar regularmente. En el proceso de comunicación con su esposo, también pueden tratar de orar juntos. Solo comiencen. Oren el Salmo 23 o Números 6.24-26 el uno por el otro. Oren bendiciéndose y apoyándose el uno al otro. Tengan una lista de oración para cada uno. Aquí hay cincuenta maneras sencillas de orar uno por el otro. Marque las que puedan ser más eficaces en lograr que su esposo y usted estén más unidos.

1. Oren, lean y mediten o memoricen juntos las Escrituras.
2. Oren juntos en voz alta.
3. Tengan un tiempo devocional juntos cada día.
4. Escriban juntos sus motivos de oración.
5. Tengan un diario espiritual juntos
6. Oren juntos en silencio.
7. Oren juntos en el auto mientras conducen a sus destinos
8. Canten alabanzas juntos.
9. Diariamente reciten sus bendiciones y las respuestas de Dios a sus oraciones.
10. Use la concordancia para buscar en las Escrituras:
    * todas las promesas de Dios
    * todas las oraciones en la Biblia
    * los versículos sobre la oración en la Biblia
    * todas las veces que Dios respondió la oración en la Biblia
11. Lean juntos un libro cristiano, haciendo turnos para la lectura.
12. Oren juntos en un culto de adoración.
13. Oren juntos mientras salen a caminar.
14. Oren juntos después de hacer el amor.
15. Hagan una lista de oración por las necesidades de otros y oren por ellas regularmente.
16. Hagan una lista de las necesidades de oración de cada uno y libremente añadan a la lista de cada uno. Recuerden dar alabanza cuando las oraciones son respondidas.

17. Únanse a un grupo de oración o vayan juntos a un culto o concierto de oración.
18. Escriban oraciones el uno para el otro y compártanlas.
19. Busquen un libro de oraciones en su librería cristiana y oren juntos guiándose por él.
20. Hagan juntos un retiro de oración.
21. Oren y ayunen juntos un día, una semana, o quizás más.
22. Confiesen sus pecados uno al otro diariamente.
23. Hagan una lista de alabanzas y oren con ella.
24. Coloquen sus manos el uno en el otro y oren el uno por el otro.
25. Oren en el Espíritu el uno por el otro
26. Hagan un mapa espiritual de su comunidad o región y oren juntos para que caigan fortalezas.
27. Únjanse el uno al otro con aceite y oren por sanidad.
28. Cuando viajen, pongan sus motivos de oración en el equipaje.
29. Llámense el uno al otro durante el día y oren a través del teléfono.
30. Busquen una pareja espiritualmente madura y pídanle que compartan con ustedes la forma en que oran juntos y se acercan más espiritualmente.
31. Solicite a su pastor que pida una bendición sobre ustedes.
32. Vayan juntos donde los ancianos para que los unjan con aceite y oraciones.
33. Compartan tiempo juntos orando en el altar de su iglesia.
34. Visiten a sus vecinos y pregúntenles cómo les gustaría que ustedes oraran por ellos.
35. Oren juntos por los líderes cristianos (maestros, misioneros, pastores, trabajadores juveniles, predicadores, profetas, etc.).

36. Oren por los oídos, bocas y ojos de cada uno para proteger lo que entra en la vida de cada uno.

37. Apaguen el televisor o la radio y oren.

38. Reemplacen su programa semanal favorito con oración.

39. Vayan a una cita de oración en lugar de salir a comer o alguna otra actividad recreativa.

40. Tomen fotografías de aquellos por los que están orando y escriban oraciones en la parte de atrás de las fotografías.

41. Escríbanse notas de oración o cartas y envíenlas por correo.

42. Haga una lista de todas las cosas por las que da gracias en relación a su esposo(a) y luego ore por esta lista en su presencia.

43. Oren juntos antes de cada comida.

44. Fijen una hora cada día para orar juntos y uno por el otro si trabajan separados.

45. Pidan a sus hijos que oren juntos por ustedes dos.

46. Arrodíllese delante de su cónyuge y ore sobre sus pies pidiendo a Dios misericordia y guía.

47. Ore de la misma manera sobre la cabeza y las manos de su cónyuge.

48. Oren juntos por los perdidos. Anoten las personas no creyentes que conocen y oren por su salvación nombrando a cada uno en su oración.

49. Siéntense en silencio escuchando juntos la voz de Dios y compartiendo lo que Él dice a cada uno.

50. Tomen un intervalo de tiempo (cinco minutos, una hora, veinticuatro horas, o cualquier intervalo que elijan) y oren continuamente el uno con el otro durante ese tiempo.

Quiero decirles que Johnny y Heidi han tenido un matrimonio maravilloso por muchos años. Dios no solo restauró su matrimonio sino que también les ha dado un ministerio eficaz con otras parejas que luchan y necesitan esperanza. No conocemos a ninguna pareja que haya tenido más fe y que haya creído q1ue Dios puede hacer cualquier cosa a través de la oración. La clave le llegó primero a Heidi cuando decidió «mirar en el espejo» y pedir a Dios que cambiara lo que veía, antes de restaurar su matrimonio.

Un aspecto esencial para recuperar a su esposo no tiene nada que ver con él y mucho que ver con usted. ¡Ahora es su tiempo de mirarse en el espejo!

Capítulo Tres

Al mirarse al espejo ... llegue a ser completa

Conocí una clase de gente que sostenía que las mujeres no tenían almas, y añadian, de forma ligera, no más que un ganso. Pero los reprendí, y les dije que esto no era correcto porque María dijo, «Mi alma alaba al Señor, y mi espíritu se regocija en Dios mi Salvador».

—George Fox, *Journal*, I

El esposo de Debbie regularmente se quedaba hasta tarde en la oficina y luego iba a reuniones de negocios fuera del pueblo sin ella. Al final salió a relucir que él mantenía un romance. Después de muchas discusiones airadas, él decidió irse de la casa. Esto es lo que ocurrió dicho en las palabras de Debbie:

Ese día aún está fresco en mi mente. «¡Me voy de la casa hoy!» Mi esposo, Robert, anunció con una voz fría y distante: «Me van a entregar una cama en mi apartamento en unas pocas horas. Regresaré más tarde para recoger mi ropa y otras pertenencias personales.» Y con eso, Roberto se marchó.

Me quedé perpleja. Había tantas cosas que quería decir para hacer que se quedara. Había tantas cosas que quería decir para hacer que pagara. Después de todo, él era el que había tenido un romance. Pero más que nada, quería que mi matrimonio funcionara.

Con eso en mente, la única cosa que pude decir fue «Muy bien». Tuve que ir a trabajar ese día sabiendo que cuando regresara a casa, mi esposo no viviría más allí.

El resto del tiempo de la separación no está tan claramente grabado en mi mente como el día en que Roberto se fue. Hubo un tiempo en el que él vivió solo en la ciudad. Pero durante este tiempo él me llamaba o venía y algunas veces salíamos. Tratábamos de reconciliarnos. Nos entendíamos muy bien, pero entonces supe que aún estaba viendo a esa otra mujer. Entonces tuvimos grandes peleas y él regresaba a su lugar en la ciudad. Por mi parte meditaba si este sería el último hilo que se rompería en nuestro matrimonio.

Estuvimos en ese juego por cerca de un año. Todavía creo que varias cosas positivas ocurrieron durante ese año, especialmente para mí como persona. Por ejemplo, conseguí un trabajo nuevo y pasé algún tiempo cultivando varias amistades cercanas. Estas cosas me ayudaron a establecer mi identidad como persona. Me comenzaba a sentir más fuerte y capaz de estar sola. Pero entonces Roberto aparecía o fijaba una hora para que nos viéramos. Esto nos hacía retroceder en nuestro juego. Discutíamos porque yo sabía que él acababa de estar con ella. Así que estaba constantemente enojada e irritable porque sentía que me traicionaba repetidamente. Este era nuestro juego.

Mirando hacia atrás a ese tiempo, puedo ver que yo hice muchas cosas que me comprometieron. Envié muchas tarjetas, hice muchas llamadas telefónicas, y traté de ser una experta cocinera cuando estábamos juntos. Para ser físicamente más atractiva, perdí peso y frecuentaba la sala local de bronceo. Puedo recordar lo que pensaba, *Bueno, esto quizás será bueno para él pero definitivamente no lo es para mí.* Pero llegué a la conclusión que algo primero tenía que ser bueno para mí, mi imagen personal y autoestima, antes que esto fuera bueno para nuestra relación. Si me sentía miserable, nunca podría ser capaz de construir una relación satisfactoria con mi esposo.

Al final, aprendí que la pérdida de peso y el ejercicio debía hacerse por salud, y no solo por apariencia o para recuperar a mi hombre. También aprendí que necesitaba desarrollar mis propios intereses y aprender a valerme por mí misma económicamente. De ese modo, gané autoestima al saber que podía trabajar y mantenerme por mí misma.

Lo último fue que me cansé de tratar de agradar a Roberto siendo la esposa «perfecta», como las de las películas y las revistas. Por fin comencé a dejarlo solo. Después de un tiempo, comenzamos a comunicarnos mejor. Incluso comenzamos a aprender acerca de nuestras más básicas necesidades relacionales. Pienso que esto marcó el punto de cambio en nuestra relación.

Cuando Debbie comenzó a valerse por sí misma y se convirtió en la persona completa que Dios quiso crear, vio las cosas positivas en ella misma y en su matrimonio. Con ese cambio de actitud, la relación con su esposo también comenzó a mejorar. Después de un tiempo de salir y concentrarse en lo positivo, he aquí lo que sucedió:

Roberto regresó al hogar después de casi un año de consejería y de aprender nuevas destrezas relacionales. Todavía estamos en camino de tener un matrimonio satisfactorio. Al recuperar a mi esposo, la cosa más grande que aprendí es la importancia de entender mis propias necesidades y las de los demás, no solamente las de mi esposo. Aprender a satisfacer mis propias necesidades fue el factor principal para salvar la distancia en nuestra separación matrimonial.»

Debbie comenzó a construir su nueva relación con su esposo sobre nuevos cimientos, enfocandose en lo positivo y llegando a ser completa. Así como a nadie se lo ocurriría construir una casa nueva sobre cimientos viejos y defectuosos, no edifique una nueva relación matrimonial sobre un usted viejo. Su vida está construida sobre la roca de Jesucristo. En Cristo, usted es una nueva creación ; cuerpo, alma y espíritu.

Cuide de usted para recuperar a su esposo

Recuperar a su esposo comienza con usted. Sí, puede que él necesite cambiar, pero uste debe ser la primera en cambiar. Sí, puede que el haya dicho y hecho muchas cosas hirientes. Pero, usted primero debe identificar y tomar responsabilidad por sus propias acciones, palabras y sentimientos. A menos que comience con usted y los cambios que necesita hacer, continuará haciendo y diciendo cosas que alejarán más a su esposo. Recuperar a su esposo comienza por usted. Reconozca quién es usted en Cristo. Con belleza y gracia, Dios la ha creado y moldeado. Usted es una formidable y maravillosa obra de Dios.

También reconozca quien es su esposo en Cristo. Como creyentes, ustedes son realeza, sacerdotes y santos del Altísimo.

No es ningún error o accidente que Dios los esté haciendo uno en Cristo. El tiene un maravilloso plan y propósito para su vida como mujer y como esposa.

Escucha a Dios decirte: «Pues conozco los planes que para ustedes tengo, dice el Señor. Son planes de bien y no de mal, para darles un futuro de esperanza. En aquellos días cuando oren, yo escucharé. Me hallarán cuando me busquen, si de corazón me buscan» (Jeremías 29.11-13; La Biblia al día).

Si su único propósito al leer este libro es recuperar a su esposo, puede terminar muy decepcionada. Pero si su propósito es convertirse más en la persona que Dios quiere que usted sea en Cristo, una hija de Dios nacida de nuevo, entonces usted crecerá, madurará, y vencerá cualquier obstáculo en la vida, incluyendo la posibilidad de que su esposo no regrese.

Usted no busca una relación cosmética y superficial con un esposo que regresa. Puesto que pertenece a Cristo, necesita un matrimonio en el cual los dos sepan que están llamados a ser uno en Cristo. Cualquier cosa menos que eso será solo una reconciliación temporal. La reconciliación verdadera viene cuando ambos, esposa y esposo, se ven a sí mismos y uno al otro como Cristo los ve.

Usted está creciendo en Cristo para ser una mujer devota que depende de Cristo, no de su esposo. Si ambos unen filas para depender de Cristo, entonces su unión y reconciliación tienen un potencial y posibilidades duraderos. Pero si usted trata de recuperar a su esposo antes de estar segura de su identidad en Cristo, entonces al final perderá a ambos, su esposo y su valor único en Cristo.

En Cristo será vencedora al final de este viaje cuando pueda decir: «Soy única en Cristo, soy yo misma, santa, redimida, y aceptable para Jesús, mi Señor y Salvador».

Usted no puede cambiar a su esposo; solo Dios puede hacerlo, pero puede dejar que Dios trabaje en usted para un cambio y nuevo crecimiento. No hay garantía de que tomar todos los pasos correctos natural y espiritualmente le harán recuperar a su esposo. Pero sí puede estar segura que a medida que madure en Cristo, estará preparada y equipada para atravesar cualquier circunstancia futura tanto en el matrimonio como fuera de él. No puede controlar lo que sucederá pero puede controlar su obediencia a la Palabra de Dios. Tome la decisión de primero triunfar en Cristo como su hija. Solo entonces existe una posibilidad de triunfar en su matrimonio.

Recuperar a su esposo comienza con usted, no con él. Comienza con ...

- Mirarse a través de los ojos del Novio, no del sirviente.
- Aceptación y perdón, no condenación.
- Negarse a permitir que el pasado se convierta en su futuro.
- Liberar los enojos sin resolver.
- Hacer un plan basado en la sabiduría y dirección de Dios, no en sentimientos y opiniones.

Cuando llegue a ser más y más en la persona que Cristo quiere que sea, será más atractiva y bella para su esposo. Cristo en usted atraerá a Cristo en él. El Espíritu que mora en usted la transformará de adentro hacia afuera. Recuperar a su esposo involucra más que un cambio de actitudes o comportamientos, aun cuando estos tengan que cambiar sustancialmente. El cambio en usted es una transformación espiritual de la cual fluye nueva vida a través de usted y dentro de su relación matrimonial.

Ya no trata a su esposo como lo hacía la vieja esposa, lo trata como Cristo lo hace. Ya no lo ama como lo amaba antes, sino que ahora lo ama con el amor de Cristo. ¿Cómo es posible? Porque su identidad está arraigada en Cristo, ya no la ve solo como una función o cumplimiento de las expectativas de su esposo.

Hágase estas preguntas:

¿Cuál es el plan de Dios para mí?
¿Cómo me creó Dios?
¿Cuál es su llamado para mi vida?
¿Cuál es mi singularidad como persona?
¿Cuál es el plan y el propósito bueno de Dios para mi vida?

En el último capítulo, nos concentramos en permitir a Cristo llenar su vida. También aprendimos sobre el poder de la oración. Ahora le pedimos enfocarse en usted misma. Es tiempo de mirarse en el espejo. Verse a sí misma por dentro y por fuera. Ni siquiera piense acerca de lo que está sucediendo en la vida de su esposo o acerca de sus fortalezas o debilidades. Este capítulo es todo acerca de usted. Es acerca de verse de la forma que realmente es y emocionarse acerca de su futuro en Cristo.

Seleccionamos una carta reciente que es ejemplo de los cientos de cartas que recibe nuestro ministerio. Mientras lee esta carta, note cuán a menudo Kate se refiere a su esposo, Bob, y como rara vez se detiene a mirarse a sí misma.

Mi esposo, Bob, y yo hemos ido tres veces a un consejero, pero todo lo que nos dijo fue que buscáramos un abogado. Después de veinticinco años de matrimonio y un amor profundo por mi esposo, eso es lo último que quiero hacer. Bob ha visto conmigo algunos de sus videos sobre relaciones matrimoniales pero no creo ver ninguna diferencia. Lo que necesitamos hacer es muy claro, pero él no quiere comprometerse en nada. Por favor ayúdeme. He perdido treinta y cinco libras, traté de suicidarme y mi estado general es muy frágil. Todos me dicen que me divorcie y que encuentre a alguien que me aprecie. Amo a mi esposo y quiero hacer todo lo que pueda para lograr que nuestro matrimonio tome de nuevo su camino. Estoy tratando realmente de enterrar mi ira y mis sentimientos heridos pero esto es muy difícil.»

Durante el último año mi esposo admitió que estaba teniendo un romance. Él afirma que trató de tener intimidad conmigo, pero para él la intimidad estaba en la cama. Yo tenía mis propias dificultades emocionales acerca del sexo y necesitaba más que solo el acto sexual. Necesitaba que él se preocupara primero por mí. Nunca me ha dicho que me necesita o que quiere que me quede. Por otro lado, dice que aún me ama y que siempre me amará.

Yo sé que si pudiéramos compartir tiempo juntos y trabajar verdaderamente las cosas, nuestros problemas podrían resolverse. Nuestra hija se gradúa este verano. Él parece temeroso de tener que hacer la vida solos los dos porque las circunstancias nos han mantenido separados. Yo sé que he cometido muchos errores, pero siempre quise que nuestras vidas estuvieran unidas para siempre. Quiero tener nietos algún día, y que mis hijos traigan a sus niños a ver al abuelo y a la abuela. Quiero hacerme vieja con el hombre que dije que amaría, honraría y cuidaría. Gary, ¡esto no es justo! Yo pensé que hacía lo que él quería. Crié a los niños y me mantuve fuera de su camino. Ahora él afirma que nunca quise hacer nada con él.

Quiero cambiar esta situación antes de que se deteriore permanentemente. Quiero vivir, pero temo que estoy perdiendo la batalla. Cada día es una lucha. Se que no estoy desamparada o desvalida, y cada vez que estoy cerca de hacer algo estúpido miro sus videos o leo sus libros. Ahora mismo usted es literalmente, mi salvador.

Noten que su enfoque se centra casi exclusivamente en su esposo Bob. Está dispuesta a perderse a sí misma y su identidad por el matrimonio y asume que ella es la responsable de su distanciamiento matrimonial. Kate necesita hacer algo muy simple: completarse. Es tiempo que se mire como una persona maravillosa a quien Dios creó para ser amada y apreciada, no tratada como un accesorio en la vida de su esposo. Juan afirma: «Conocerán la verdad, y la verdad los hará libres» (Juan 1.12*****WRONG REFERENCE). Va en camino a ser como Cristo a través del proceso de crecer y madurar.

Barreras para alcanzar su plenitud

Cuando entra en el proceso de convertirse en la persona «completa» que Dios quiere que sea, hay varias cosas que interfieren. Estas cosas pueden actuar como barreras, impidiendo que alcance su potencial. Cuando reconstruimos una casa, cosas como el mal tiempo, dinero insuficiente y la falta de un plano pueden interferir en la conclusión satisfactoria del trabajo. De forma similar, hay tres aspectos negativos que pueden estorbar en el camino hacia recuperar a su esposo.

1. *Ser demasiado dependiente.* El autor Stephen Covey usa la palabra *interdependiente.* Esta palabra simplemente significa que una persona no es ni muy dependiente ni muy independiente de la otra persona. Interdependiente en su lugar, es el punto de equilibrio entre estos dos extremos. A menudo le decimos a las personas que ser dependientes de su pareja es una causa de pro-

blemas maritales. Pero las dificultades maritales surgen cuando alguno actúa demasiado independientemente de su compañero. Ambos extremos pueden conducir a una pareja al mismo punto: infelicidad en la relación.

Pero primero enfoquemos el lado dependiente . Cuando una persona se vuelve demasiado dependiente de su pareja, esto puede a menudo conducir a que la otra persona se sienta abrumada, fatigada o confinada. Un esposo describió la dependencia de su esposa diciendo que se sentía como «un buceador con su propio tanque de aire sujeto a mi espalda. En lugar de mi esposa tener su propio tanque de aire, contínuamente agarraba la boquilla de emergencia de mi tanque para poder respirar. El problema está en que mi tanque solo tiene suficiente aire para mantenerme a mí. Literalmente está succionándome la vida. Me siento como si tuviera que nadar lejos de ella solo para sobrevivir».

Carrie compartió con nosotros su batalla con la dependencia.

Un día comencé a orar y a tomar completa responsabilidad en nuestra relación por cosas en mi vida. Dejé de amontonar sobre mi esposo toda esta culpa por nuestros problemas. También dejé de mirarlo a él para satisfacer mis necesidades. Después de un tiempo, pareció que nuestra relación comenzó a mejorar. Pero eso requirió que lo dejara solo y me convirtiera en una persona individual.

Aunque mi esposo estaba equivocado en lo que hacía, comencé a tomar responsabilidad por las cosas que yo estaba haciendo. Cuando una amiga me dijo que yo era demasiado dependiente, una campana sonó, y comencé a ver que quizás era cierto. Fue necesario que otra mujer me dijera eso. Entonces comencé a preguntarme: «¿Cómo puedo ser menos dependiente? ¿Cómo puedo hacerme cargo de algo de esto en lugar de buscar a quien culpar y esperar que él haga todo y solucione todos estos problemas?»

Sin importar sobre quien recaigan las faltas por el rompimiento de su matrimonio, tiene que tomar posesión de su vida y responsabilidad por las cosas que necesita cambiar. Si su esposo tiene o tuvo un romance, no puede dejar que su vida e identidad dependan de si él regresa o no. Decídase a decir: «Yo pertenezco a Cristo y Él me ha dado la fortaleza de depender sólo en Él». La dependencia en su esposo nunca logrará recuperarlo. Esto solo lo alejará más.

Si es muy dependiente de su esposo, decídase depender de Cristo. Deje de buscar a un sirviente que nunca podrá suplir las necesidades que solo el Novio, Jesús, puede suplir. Dígase: «Soy una persona única en Cristo». Su esposo nunca verá esa singularidad hasta que usted lo haga.

2. *Culpar los factores externos por el fracaso de su matrimonio.* Nuestro amigo, el Dr. Gary Oliver, comentó: «El problema con la respuesta de culpa es que nos priva de la oportunidad de identificar y tomar responsabilidad de nuestra parte enss el problema. Si pasamos por alto este paso, también vamos a perder lo que Dios nos quiere enseñar. Y si permitimos que esto suceda, habremos fracasado verdaderamente. Hemos convertido la situación en una doble pérdida».[1]

Culpar a la familia de él, a otra mujer, al trabajo de su esposo y otros factores externos por sus fracasos matrimoniales solo acrecienta la distancia entre usted y su esposo. La culpa realmente la paraliza para poder tomar acciones responsables para recuperar a su esposo.

La clave para vencer la culpa es adueñarse de ella. Adueñese de las partes de los fracasos o problemas por los que es responsable. Aleje su concentración de otras cosas y otra gente y fíjese en usted.

Retomemos la analogía de la remodelación de la casa. Si estamos remodelando la cocina, no podemos concentrarnos en reparar todos los problemas en el cuarto de estudio y esperar avanzar en la cocina. Si comenzamos a preocuparnos por el cuarto de estudio cada vez que comenzamos a trabajar en la cocina, nunca lograremos tener la cocina remodelada. Igualmente, concentrarse en su esposo, otra gente u otras situaciones no la ayudarán a cambiar.

Su esposo puede estar violando sus límites, pero quizás usted nunca los trazó. Así que lo culpa por invasión, pero él no puede entender lo que ha hecho mal. Se siente infeliz con él porque ha elegido ser infeliz, no porque el intente cruzar sus límites y hacerle daño. Sí, él puede estar haciendo y diciendo muchas cosas que lastiman el matrimonio. Pero no lo puede cambiar a él, solo puede cambiarse a usted.

El problema es la culpa contra la propia responsabilidad. ¿Asumirá la parte del problema que a usted le corresponde o la eludirá y culpará a otros por sus fracasos matrimoniales?

3. *Permitir que la forma en que sus padres la educaron determine como se relaciona con su esposo.* Sus padres le pueden haber modelado un conjunto de patrones para esposos y esposas mientras que su esposo creció bajo otro completamente diferente. La forma en que sus padres la trataron emocional y físicamente cuando pequeña, afecta muchísimo la forma en que trata a los demás, en especial a su compañero.

Si sus padres fueron abusivos uno con el otro o con usted, tendrá la tendencia a ser abusiva con su esposo e hijos. Una de las razones principales por las que los padres adultos tienden a «criar» en la misma forma que lo hicieron sus padres es porque el enojo profundo puede ser transferido de una generación a otra. Es el enojo reprimido lo que nos hace comportarnos en forma abusiva. Igualmente, si sus padres fueron cariñosos y afirmativos el uno con el otro y con usted, entonces tendrá un patrón positivo de cómo tratar a su esposo y a sus hijos.

No está atrapada por la forma en que fue criada. El pasado no determina su futuro. La Escritura promete, «De modo que si alguno está en Cristo, nueva criatura es; las cosas viejas pasaron; he aquí todas son hechas nuevas» (2 Corintios 5.17).

Puesto que tiene una vida nueva en Cristo, es hija de su Padre, no de sus padres. Así también su esposo. Decida afirmar quien es en Cristo y afirmar las mismas características en su esposo. A continuación algunas características reales de usted y su esposo a través de Cristo:

Pasaje	Quiénes son en Cristo
Génesis 1.26-27	Creados a imagen de Dios
Mateo 5.13,14	Las sal y la luz del mundo
Juan 1.12	Un hijo de Dios
Romanos 5.1	No condenados por Dios
1 Corintios 3.9	Colaboradores de Dios y su edificio
1 Corintios 3.16,17; 6.19	Templos del Espíritu Santo
2 Corintios 5.17	Una nueva persona en Cristo
2 Corintios 4.16	Una persona renovada cada día
Filemón 6	Una persona llena del el conocimiento de cada cosa buena
1 Pedro 2.9,10	Linaje escogido, real sacerdocio, y un ciudadano de una nación santa.

Esta lista es solo un breve resumen de los cientos de atributos maravillosos que usted y su esposo tienen en Cristo. Mírese a usted y a su esposo como Dios los ve. La perspectiva de Dios sobre usted es la única que cuenta para la eternidad.

Llegue a ser completa

Imagine tratar de remodelar o reconstruir su casa con todas las puertas y ventanas cerradas. Si no hubiera alguna forma de entrar en la casa, no podría cambiar o remodelar nada. De igual manera, viejos modelos y perspectivas, especialmente los negativos heredados de sus padres, cerrarán con llave la puerta cuando trate de recuperar a su esposo. Pero cuando usted y su esposo se aferran con firmeza a la declaración de Dios sobre quién Él quiere que sea, la puerta se abrirá para recuperarlo.

La visión de Dios de usted es como echar fuera la oscuridad, las cortinas sucias de una vieja casa, abrir las ventanas y permitir que el calor y la luz bañen la casa entera con sus dorados rayos de luz. ¡Permita que su luz brille sobre las perspectivas de cada uno de ustedes!

Volvamos a los ejemplos de nuestra remodelación de la casa. En algunas casas hay una habitación que rara vez se usa. Puede ser un cuarto de huéspedes, oficina o una sala. Esta habitación puede no ser esencial para el estilo de vida de la familia. En términos de bienes raíces, se podría llamar un «adehala». Algunas mujeres se ven a sí mismas como «adehalas» en la vida de sus esposos. Aceptan ese papel que sus esposos les permiten jugar. Son «extras» en las películas de sus esposos!

Si se siente así, permítame asegurarle que Dios tiene un plan maravilloso para su vida aun si su esposo no la ve como algo importante o esencial para su vida. Es cuerpo, alma y espíritu. Todo lo que usted es tiene importancia para Dios. Examinaremos cada aspecto de su vida y veremos cómo puede llegar a estar completa sin importar cómo la vea su esposo.

La Biblia dice que somos cuerpo, alma y espíritu: «Y el mismo Dios de paz os santifique por completo; y todo vuestro ser, espíritu, alma y cuerpo, sea guardado irreprensible para la venida de nuestro Señor Jesucristo» (1 Tesalonicenses 5.23). Así pues, miremos en el espejo a la persona íntegra; cuerpo, alma y espíritu.

Una vez que toque el poder salvador y sanador de Jesucristo, usted es hecha completa: «Y dondequiera que entraba, en aldeas, ciudades o campos, ponían en las calles a los que estaban enfermos, y le rogaban que les dejase tocar siquiera el borde de su manto y todos los que le tocaban quedaban sanos» (Marcos 6.56).

Es una persona completa que refleja la imagen de Cristo, no la imagen que proyecta para su esposo, otros, o aun para sí misma. Entonces, vamos a verla como lo hace Dios.

Mire su cuerpo

La manera en que se ve físicamente puede comunicar a otros cómo se siente en el interior. Una persona desaliñada y gorda puede comunicar un sentimiento de baja autoestima. Podrían existir varias razones para que una persona sea desaliñada y gorda. Si en su caso le es difícil perder peso, puede ser debido a su crianza, o algo de naturaleza genética o médica. Pero si no es nada de eso, podría sorprenderse con los resultados de un programa excelente para ayudar a hombres y mujeres a perder peso. Se llama «Taller para bajar de peso»*****. La esencia de este programa es fijar su atención principal en Cristo y permitirle a Él llenar su corazón. El alimento es algo que llena el estómago, no el espíritu. Alguna gente trata de usar el alimento para llenar su espíritu vacío. Su cuerpo es también el templo del Espíritu

Santo. «¿O ignoráis que vuestro cuerpo es templo del Espíritu Santo, el cual está en vosotros, el cual tenéis de Dios, y que no sois vuestros?» (1 Corintios 6.19). Es importante cuidar de su cuerpo por su propio bien y para poder ser un vaso útil por medio del cual el Espíritu trabaje.

Recuerde que los mayores enemigos de su cuerpo son la falta de sueño y una nutrición inadecuada. Cuando se combinan, la ponen bajo constante estrés e irritabilidad. Este estado de su cuerpo no la hará atractiva ante su esposo o ante cualquier otra persona.

Una forma obvia para resolver el problema de fatiga, apatía e irritabilidad es el ejercicio regular y vigoroso. Permanezca en forma. Comprométase a una rutina regular de ejercicio. Considere estas opciones no solo para sí misma sino también para recuperar a su esposo.

- Salga a trotar
- Monte bicicleta
- Asista a una clase de ejercicio
- Entrene en un «spa» terapéutico
- Tenga una rutina regular para caminar o nadar
- Hágase un chequeo médico pleno.

Por supuesto, asegúrese de consultar un médico si tiene problemas de salud que pudieran limitar su ejercicio. Mantenga su cuerpo en forma para honrar al Señor, para que Él lo use para sus propósitos y para permanecer atractiva para su esposo y para los demás. Pero no está haciendo esto para verse bien o para recuperar a su esposo. Esto es por su salud y para Dios.

Mire su alma

Despues, es importante cultivar y mantener una actitud mental saludable. El himno dice «Jesús, amante de mi alma». Juan escribió, «Amado, yo deseo que tú seas prosperado en todas las cosas, y que tengas salud, así como prospera tu alma» (3 Juan 2).

Un alma saludable comienza con pensamientos cristianos que se concentran en lo positivo y no en las cosas negativas de la vida. Pablo escribe, «Por lo demás, hermanos, todo lo que es verdadero, todo lo honesto, todo lo justo, todo lo puro, todo lo amable, todo lo que es de buen nombre; si hay virtud alguna, si algo digno de alabanza, en esto pensad» (Filipenses 4.8).

No puede llenar la mente de Cristo con las actitudes de crítica y juicio hacia su esposo. Cuando se encuentre iniciando una discusión, siga estas pautas generales para que pueda reflejar la mente de Cristo:

- Elimine la culpa de sus comentarios.
- Diga cómo se siente.
- No critique la personalidad de su compañero.
- No insulte, no se burle o use el sarcasmo.
- Sea directa.
- Aférrese a una sola situación.
- No trate de analizar la personalidad de su compañero.
- No le lea la mente.

Puesto que Jesús es el amante de su alma, ¿cómo puede amarse a sí misma y a su esposo en la forma que Dios lo hace? Mírese en el espejo, ¿es una amante o una quejosa ... una amante o un juez ... una amante o una criticona?

¿Qué actitudes tiene hacia usted misma? Mire la lista abajo.

Haga un círculo en las actitudes de su alma y luego regrese y subraye las actitudes que tiene hacia el matrimonio.

Esperanzada   Deprimida   Expectante   Ansiosa   Nerviosa

Preocupada   Amorosa   Enojada   Amargada   Tranquila

Crítica   Afirmativa   Comprensiva   Juiciosa   Pura

Si circuló y subrayó más actitudes negativas que positivas, es tiempo de hacer una seria realineación de su alma. Decídase a ponerse la mente de Cristo y eche a un lado las actitudes negativas que solo la dañán a usted y sus relaciones.

Examine su alma para un equilibrio. Responda estas preguntas:

- ¿Tiene vida social con otras mujeres amigas?
- ¿Cuáles son sus pasatiempos?
- ¿Cuál es el mejor libro que ha leído últimamente?
- ¿Son sus amigas personas positivas que la afirman y apoyan?
- ¿Tiene tiempo para servir y ministrar a otras personas?
- ¿En qué nuevas maneras está aprendiendo y creciendo intelectualmente?
- ¿Si dedica mucho tiempo a los niños cada día, cómo dedica tiempo para usted?

El tiempo personal diario es importante. Haga de usted y sus actitudes una prioridad de su tiempo.

Mire su espíritu

Ahora es tiempo de examinar su vida espiritual. ¿Qué está haciendo para alimentar la dimensión espiritual de su personalidad? ¿Alimenta su espíritu con las Escrituras? Jesús nos asegura, «El espíritu es el que da vida; la carne para nada aprovecha; las palabras que yo os he hablado son espíritu y son vida» (Juan 6.63).

También es importante mirar cualquier pecado sin confesar en su vida que pudiera estar bloqueando su relación con Dios. Imagínese de nuevo la casa en remodelación de la que hemos hablado. Podría tener un aposento que es oscuro y sin ventilación. Para que ese aposento realmente se reavive con colores vibrantes, necesitará una ventana. Cuando la luz inunda el aposento, la oscuridad desaparece.

Igualmente, la oscuridad de un pecado sin confesar puede bloquear la luz y el gozo de Cristo en su vida. Pablo escribe: «Porque en otro tiempo érais tinieblas, mas ahora sois luz en el Señor; andad como hijos de luz (porque el fruto del Espíritu es en toda bondad, justicia y verdad), comprobando lo que es agradable al Señor» (Efesios 5.8-10).

Uno de los más oscuros y repulsivos aposentos en cualquier corazón es la falta de perdón. Cuando no se perdona a sí misma, a su esposo o a los demás, una pared gruesa se levanta entre usted y Dios. Jesús advierte: «Porque si perdonáis a los hombres sus ofensas, os perdonará también a vosotros vuestro Padre celestial; mas si no perdonáis a los hombres sus ofensas, tampoco vuestro Padre os perdonará vuestras ofensas» (Mateo 6.14-15).

Una pareja compartió con nosotros acerca de su lucha con la falta de perdón. El perdón era el problema principal pues ella no deseaba perdonar debido a las profundas heridas que había experimentado. El nivel de confianza en la relación se había deteriorado. Debido a la desconfianza y el orgullo, era incapaz de perdonar al esposo. Finalmente le aconsejamos: «Si se aferra a eso, la hará infeliz. El perdón restablecerá el gozo en su relación».

La plenitud espiritual implica llegar a ser como Jesús. El dicho popular pregunta: «¿Qué haría Jesús?» Jesús siempre perdona. Él tiene amor incondicional por los demás. Debe perdonarse. Si Dios la perdona, por qué sigue condenándose? Pablo escribió: «Ahora, pues, ninguna condenación hay para los que están en Cristo Jesús, los que no andan conforme a la carne, sino conforme al Espíritu. Porque la ley del Espíritu de vida en Cristo Jesús me ha librado de la ley del pecado y de la muerte» (Romanos 8.1-2). Podría estar llena de culpa y condenación si usted fue la que tuvo una aventura. El perdón comienza con su arrepentimiento ante Dios para obtener su perdón. Entonces debe perdonarse. No espere hasta que su esposo la perdone. Él podría no estar espiritualmente maduro para perdonar. Pero su perdón no depende de que él la perdone. Este comienza cuando se apropia y recibe el perdón y el amor que Dios tiene para usted. El perdón es un paso espiritual crítico.

Si en su espíritu no hay perdón, siga estos pasos ahora:

- Arrepiéntase y acepte el perdón de Dios.
- Ame y perdone a los demás incondicionalmente.
- Niéguese a vivir bajo condenación.

Como una nueva creación en Cristo, usted es una persona completa. Su integridad depende de quién es en Cristo, no quién ha sido o qué piensen los demás que es. Comprométase a dar estos pasos hacia la plenitud:

- Mantenerse en forma y saludable.
- Mantenga una rutina diaria de ejercicio y buena nutrición.
- Ponga la mente en Cristo.
- Mantenga actitudes saludables y positivas hacia usted, los demás y su esposo.
- Mantenga disponibilidad con los compañeros de oración y un guía espiritual.
- Desarrolle amistades estimulantes.
- Crezca intelectualmente. Tome tiempo para usted cada día.
- Dedique tiempo diariamente a las Escrituras y la oración.
- Decida perdonarse y perdonar a los demás como Dios perdona.
- Conviértase en la persona completa que Dios la creó para ser a la imagen de Cristo.

No puede recuperar a su esposo sola. Y sin importar todos los cambios y su crecimiento interior, necesita que otros la ayuden. Es hora de buscar ayuda.

Capítulo
Cuatro

¡Busque apoyo!

Mejores son dos que uno; porque tienen mejor paga de su trabajo. Porque si cayeren, el uno levantará a su compañero; pero ¡ay
del solo! Que cuando cayere, no habrá segundo que lo levante.
También si dos durmieren juntos, se calentarán mutuamente;
mas ¿cómo se calentará uno solo? Y si alguno prevaleciere contra uno, dos le resistirán; y cordón de tres dobleces no se rompe
pronto.

Eclesiastés 4.9-12

R ick siempre estaba ocupado. Cuando no trabajaba hasta tarde, se involucraba en organizaciones comunitarias, seminarios de entrenamiento y clubes cívicos. Él se comprometía más
de lo debido. Inicialmente Brenda respondió involucrándose
más con los niños y otras cosas fuera del matrimonio. En lo profundo de su ser, sabía que se estaban distanciando, pero sintió
que Rick simplemente no tenía tiempo para ella. Del enojo y la
indiferencia, desarrolló la actitud de «si eso es lo que él quiere

(estar muy ocupado para el matrimonio), entonces puede hacer lo que le plazca. Haré también lo que yo quiera».

Brenda trató de reprimir y negar sus necesidades de cercanía e intimidad. Sentía que si compartía con Rick cualquier cosa acerca de sus sentimientos o problemas familiares, esto simplemente lo sobrecargaría. Pero vino el día cuando toda esta represión y negación fue insuficiente para mantener la tapa sobre la olla de presión de los sentimientos internos de cólera, dolor, y frustración de Brenda. Decidió traer a Rick de regreso al matrimonio y a la familia antes de que los niños crecieran y «la vida hubiese pasado ya». El plan de Brenda para reconstruir la casa de su relación matrimonial tomó forma.

¡El plan de Brenda se basó en el ataque! ¿Recuerda cómo Brenda hizo notar en la introducción que ella y su esposo se fueron distanciando debido a los negocios? Mientras más comprometido estaba Rick en su trabajo y en organizaciones comunales, tanto más Brenda se retiro en la relación, dejándolo hacer lo que quisiera.

Rick terminó empantanado con más y más deberes que cumplir, pero ninguno involucraba a su familia o matrimonio. A Brenda le enfadaba que Rick no atendiera sus necesidades, y al mismo tiempo, se sentía culpable por no atender las de él, ¡y tampoco quería hacerlo!

Unos pocos años pasaron para que el volcán de cólera derretida creciera bajo la inestable capa de expectativas reprimidas y necesidades insatisfechas. Una explosión sísmica hervía a fuego lento justo debajo de la superficie de cortesía hasta que Brenda ya no pudo contenerse más.

En el año en que su hija cursaba el undécimo año de colegio, Brenda finalmente se dio cuenta que el tiempo de cercanía y amistad con su hija estaba llegando a su final con su graduación y sus planes de irse a la universidad. Rick había perdido demasiadas oportunidades de estar con ella y en sus actividades.

«Rick, siempre estás lejos», atacó Brenda. «Y no estamos construyendo recuerdos con los niños».

Como era de esperarse, la reacción de Rick fue la negación defensiva. «Yo soy quien vela por el sustento de esta familia. Tú crees que el dinero llega a nuestra cuenta bancaria por ósmosis».

Brenda descubrió que mientras más insistía, regañaba y atacaba, más alejaba a Rick de su matrimonio y de su familia. Rick no solo se distanciaba emocionalmente de Brenda y dejaba la casa por un rato, sino que buscaba más cosas que hacer y nuevas formas de mantenerse ocupado lejos de Brenda y de los niños. No hace falta decirlo, el plan de ataque de Brenda no funcionó. No estaba recuperando a su esposo, y lo estaba alejando más.

Brenda esperaba que Rick escuchara sus necesidades y que le ayudara a llenarlas. Pero su plan era defectuoso. Finalmente se encontró ante la urgencia de preparar un nuevo plan de acción para recuperar a su esposo. Necesitaba una nueva estrategia, necesitaba apoyo.

Usted necesita apoyo

Usted no puede recuperar a su esposo sola. Necesita la ayuda de Dios y la de los demás. Encuentre una amiga o un pequeño grupo de amigas. Busque a alguien mayor que usted. Busque una consejera que haya atravesado una experiencia similar y que ahora tenga un matrimonio devoto y amoroso.

Si estuviera construyendo o remodelando una casa, no podría comenzar a trabajar en el comedor o redecorar el estudio si esta no tiene buenos cimientos. Su matrimonio es ahora como una casa con paredes y techo pero sin cimientos para apoyarse. ¿Qué haría si la casa ya está construida pero sus cimientos están agrietados? Busque gente a su alrededor que le ayude a reformar y replantear unas base correcta para su vida. Necesita consejeros que le ayuden a poner los cimientos correctos.

Cuando busque consejeros, elija con cuidado personas que la puedan ayudar, no que solo comprendan sus problemas. No necesita personas que estén de acuerdo con lo terrible que es su marido o sus circunstancias. Las personas negativas no la levantarán, solo la hundirán. Necesita construir una base, no destruirla.

¿Qué clase de personas necesita como apoyo? En el Nuevo Testamento, Pablo describe estas consejeras como mujeres mayores. «Que enseñen a las mujeres jóvenes a amar a sus maridos y a sus hijos, a ser prudentes, castas, cuidadosas de su casa, buenas, sujetas a sus maridos, para que la palabra de Dios no sea blasfemada» (Tito 2.4-5). A continuación, algunas cualidades importantes para buscar una mujer mayor como consejera.

Las consejeras oran por y con usted. Al principio de este capítulo, contamos la historia de Brenda y su plan inicial de ataque a su esposo. Este no funcionó. Cuando las cosas empeoraron en su relación, ella se dio cuenta de que no sabía cómo recuperar a su esposo, necesitaba ayuda. Y encontró esa ayuda y apoyo a través de mujeres que la escucharon, oraron por ella y estudiaron la Biblia con ella. Brenda comentó: «Las mujeres necesitan de otras amigas mujeres. Necesitan estudio bíblico y un pequeño grupo de oración para apoyarse mútuamente. Las otras mujeres no son un sustituto del esposo, pero ningún marido puede suplir todas las necesidades de su esposa. Ella necesita amigas que la ayuden a probar la realidad y descubrir la verdad».

Una consejera está allí cuando la necesita. Una de las mayores batallas que tendrá que pelear para recuperar a su esposo es la soledad. La soledad a menudo pinta una imagen distorsionada de la realidad. Sobre el lienzo de la lástima y la depresión, la soledad pinta todo gris y negro, desolado y sin esperanza, triste y malhumorado. Necesita a alguien que haya cruzado el valle y llegado al otro lado.

Cuando volamos en cielos nublados, con nubes bajas, nos agrada pasar de lo lóbrego al cielo azul y soleado cuando el avión se levanta sobre las nubes. Una consejera es alguien que la puede ayudar a pasar de las sombras a la luz del sol pues ella sabe el camino. Si la dejan sola pasará días que acabarán en humor sombrío y lleno de pensamientos grises.

Alguien que está «ahí para usted» se preocupa lo suficiente para responder cuando la llame y para «presentarse» cuando usted se siente sola. Solo estar ahí es un gran llamado del Señor, quien alaba a aquellos que visitan a los encarcelados. Ninguna prisión es más impenetrable que la soledad. Una consejera la ayudará a mantener la puerta de la soledad abierta.

Una consejera le apoya. Esta consejera sabe el poder sobrecogedor de ser un Bernabé. «Entonces José, a quien los apóstoles pusieron por sobrenombre Bernabé (que traducido es, hijo de consolación), levita, natural de Chipre» (Hechos 4.36). Un Bernabé es alguien que permanece a su lado para apoyarla, afirmarla y aceptarla donde quiera que usted se encuentre. Los consejeros no le hacen cargar la maleta de la culpa, condenación o pena. Aunque haya experimentado algún fracaso en el matrimonio, los consejeros no se refieren a usted o su matrimonio como un fracaso.

Una consejera escucha. Cualquiera le puede dar un consejo, pero solo un consejero prudente sabe cuando escuchar. Un consejero es «pronto para oír, tardo para hablar, tardo para airarse» (Santiago 1.19). Escuchar es un regalo del tiempo durante el cual el que escucha transmite aceptación y valor a la otra persona con solo desear escuchar el llanto de un corazón roto. Escuchar ayuda a aliviar la pena causada por la separación o la distancia en el matrimonio y proporciona un alivio para heridas ocultas y emociones punzantes.

Jesús escuchó a la sufrida mujer samaritana en el pozo y a la afligida mujer gentil que trajo a su hija para que Jesús la sanara. Él escuchó a toda clase de gente con problemas y enfermedades imaginables. Existe poder de sanidad en escuchar. Busque a alguien que le escuche.

Una consejera le señala la verdad y la realidad. Una consejera puede ayudarla a probar la realidad y aplicar la verdad de las Escrituras en sus actitudes, palabras y acciones. Una mujer mayor compartirá su experiencia de aplicar la verdad de Dios en las relaciones matrimoniales. Ella será una fuente de sabiduría y de verdad.

Con la verdad viene la liberación del pasado, la culpa, la autocondenación y la desesperanza. La realidad de la verdad de Dios en sus circunstancias la liberarán para comenzar a recuperar a su esposo. Jesús simplemente afirmó, «Y conoceréis la verdad, y la verdad os hará libres» (Juan 8.32).

Debemos hacer unas pocas observaciones finales acerca de las consejeras. Primero, las consejeras dentro de su misma familia rara vez resultan buenas. A menudo están demasiado inmiscuidas emocionalmente en su situación para servir de mucha ayuda. Con frecuencia, otros miembros de la familia han formado opiniones acerca de su circunstancia matrimonial y esas opiniones nublan su percepción de la realidad.

También es difícil para los miembros de la familia reservarse los asuntos privados que comparta con ellos. Una consejera debe ser alguien en quien puede confiar sus más profundos sentimientos y pensamientos.

Finalmente, los familiares, en especial los padres o hermanos, se inclinan a dar consejo en lugar de sabiduría divina. Quizás traten a menudo de darle consejo sobre cómo «arreglar» su matrimonio o «arreglar» a su esposo o a usted en lugar de compartir con usted la sabiduría de Dios para su situación.

Busque intercesores

Además de las consejeras, le alentamos a pedir otra clase de ayuda. Haga que algunas personas en las que confía comiencen a orar y a interceder por usted. Estas pueden ser amigas confiables que no necesitan saber los detalles íntimos de su situación pero que orarán por usted y por su matrimonio. Solo necesitan saber la situación general. El poder de la oración se afirma continuamente en la Escritura. Jesús prometió: «Otra vez os digo, que si dos de vosotros se pusieren de acuerdo en la tierra acerca de cualquiera cosa que pidieren, les será hecho por mi Padre que está en los cielos. Porque donde están dos o tres congregados en mi nombre, allí estoy yo en medio de ellos» (Mateo 18.19-20).

Dios trabaja a través de la oración. E. M. Bounds a menudo hizo notar que nada sucede hasta que oremos. Los consejeros permanecen físicamente a su lado. Los intercesores espirituales permanecen con usted espiritualmente. Hemos descubierto una y otra vez que cuando interceden por uno ...

- sentirá fuerza sobrenatural para soportar y continuar.
- resistirá la tentación de rendirse.
- comenzará a recibir nuevas ideas y discernimiento para sus problemas.

- encontrará a otros a quienes Dios traerá a su camino con sabiduría divina para compartirla con usted.
- experimentará el amor perdonador y la aceptación de Dios y su pueblo en sus circunstancias.

Jesús intercede constantemente por nosotros ante el trono de Dios. La Biblia nos insta a orar sin cesar el uno por el otro. A medida que el Espíritu de Dios le guía, comparta con sus intercesores las necesidades específicas que tiene y comience a confiar en Dios para llenar sus necesidades.

Su plan necesita incluir intercesores. Sola no puede física o espiritualmente atravesar esta etapa en su matrimonio. Busque por lo menos tres personas que oren diariamente por usted, su esposo, su familia, y su matrimonio. El poder y sanidad de Dios serán liberados en su vida a través de la intercesión.

El resto de la historia...

Yo, (Greg) le pregunté a Brenda cuál fue la clave para recuperar a su esposo. Esta fue su respuesta:

Lo más importante que aprendí a través de esta experiencia fue lo que una querida amiga mía dijo. Ella es realmente mi consejera, es una mujer muy devota y su consejo fue bueno. Simplemente me dijo: «Deja de ser tan necesitada».

Sus palabras me golpearon en medio de los ojos. Odiaba mirarme como «necesitada». Como mi amiga y yo comentamos luego, creo que lo que ella quería decir era que «necesitada» significaba decirle a Rick mis problemas y esperar que me ayudara con ellos, en vez de llevárselos a Cristo y tratar de abrirme paso. No es que no debamos comunicar nuestros problemas, pero no tenemos que desahogar cada pequeña cosa. Rick no está preparado para manejar todo eso. Él tiene sus propios problemas que resolver y tener que solucionar cada pequeña cosa en casa lo abrumaba. Yo literalmente alejé a mi esposo hablándole.

Cuando comencé a aplicar el discernimiento de mi amiga, las cosas empezaron a cambiar. Hasta este día, yo aun comparto problemas con Rick. Pero trato de encontrar el mejor momento. También trato de no gimotear y quejarme de cosas sin importancia.

Como resultado, siento que es importante que las mujeres busquen la amistad de otras mujeres. Las mujeres necesitan un estudio bíblico o alguna otra experiencia con otras mujeres. No debemos esperar que nuestros maridos llenen por completo esta necesidad. Yo no sugiero que busquemos un sustituto para el apoyo de nuestro esposo. En su lugar, es vital cosechar los beneficios de desarrollar otras relaciones femeninas.

Después de mirarse al espejo y buscar apoyo, todavía se requiere bastante energía para recuperar a su esposo. Veamos cómo llenarse de energía para este esfuerzo monumental.

Capítulo Cinco

Llénese de energía

Y ahora permanecen la fe, la esperanza y el amor, estos tres; pero el mayor de ellos es el amor.

1 Corintios 13.13

Este versículo describe bellamente la esencia de este libro: *Fe.* Primero debemos reconciliar nuestra relación con Cristo y permitirle a Él llenar nuestras necesidades. *Amor.* Luego debemos aprender a amarnos a nosotros mismos y convertirnos en personas completas antes de poder amar a los demás, incluyendo a nuestro compañero. *Esperanza.* Por último, nunca debemos perder la esperanza.

¡Nunca se rinda!

En el libro *Joy that lasts* [Gozo que perdura],), yo (Gary) escribí acerca de una de las cosas más poderosas que deben descubrirse en la vida. Se encuentra en Lucas 18. Es una historia acerca de cómo debemos orar uno por el otro. El cuadro de palabras que Cristo usa es la de una viuda que nunca se cansó de presentarse delante de un injusto juez. Ella se mantuvo pidiendo protección contra aquellos que le estaban robando.

Imagínese un juez injusto y deshonesto asignado a una pequeña ciudad en Israel. No tiene ningún respeto por Dios o por los hombres. Está disgustado porque preferiría estar en Roma disfrutando los espectáculos, juegos y fiestas. En vez de esto, está estancado aquí con un grupo de granjeros, pastores y fanáticos religiosos. Cada día la gente hace fila para presentarle sus quejas y él hace juicio de acuerdo a su estado de ánimo.

En la fila de gente está la viuda, sin nadie que mire por sus mejores intereses o la proteja. Su situación parece sin esperanza. Los demás se aprovechan de ella pero ella no tiene derechos. A pesar de que muchos la miran como inútil, ella conoce el secreto para obtener justicia. La primera vez que presenta su petición al juez, este la despide abruptamente. Pero ella no se da por vencida. Después de muchos días de permanecer en la fila, el juez injusto concede a protegerla. «¿Por qué este juez injusto le concede a esta mujer su petición?», Jesús preguntó. «¡Porque le agotó la paciencia!» Jesús concluye diciendo, cuánto más nuestro Padre en el cielo nos da cuando permanecemos en fila cada día con nuestras peticiones.

Lucas 18.1-8 habla acerca de lo que podemos hacer durante los momentos difíciles de reconciliación. Jesús dijo que escucháramos atentamente la historia de este injusto juez. Nos presenta una importante verdad que la gente necesita entender. Fue la persistencia de la mujer la que trajo resultados. Jesús continuó diciendo: «Y acaso Dios no hará justicia a sus escogidos, que claman a él día y noche? ¿Se tardará en responderles?» (Lucas 18.7).

Como la anciana viuda, necesitamos permanecer con perseverancia delante del Señor cada día, preguntando si hoy será el día en que Él contestará nuestras oraciones. Es vital que nunca nos cansemos de pedirle al Señor que nos dé las mejoras y el crecimiento necesarios para ayudarnos en este proceso. Siga pidiendo a Dios la sabiduría, la intuición y la fuerza para seguir adelante. ¡Nunca se rinda!

Esta ha sido una de las cosas más poderosas que hemos aprendido en la vida. Podemos continuar esperando en el Señor hasta que renueve nuestra fuerza. Él nos hará levantarnos y volar como águilas, caminar sin desfallecer. ¿Por qué? Porque Él lo hará todo a su tiempo. Especialmente cuando es su deseo. Sabemos que las relaciones saludables y vibrantes son su deseo. Si estas no son una realidad en su matrimonio, continúe orando por esta cosas.

Cerca del fin de su vida, a Winston Churchill se le pidió dar un discurso de apertura en una reconocida universidad en Inglaterra. Su auto llegó tarde y la muchedumbre, repentinamente apretujada, hizo silencio mientras que uno de los más grandes hombres en la historia británica se abrió paso despacio y penosamente hasta el podio. Las palabras de Churchill duraron menos de dos minutos pero ocasionaron una ovación de pie en ese momento y han inspirado decenas de hombres y mujeres desde entonces. Lo que él dijo es el mejor consejo que usted puede recibir cuando se trata de ser persistente en el amor y frente a los obstáculos.

¿Qué dijo él? Con su profunda y resonante voz, dijo solo estas inmortales doce palabras: «Nunca se rindan ... Nunca, nunca se rindan ... Nunca, nunca, nunca se rindan».[1] Luego se sentó.

No mucha gente puede apreciar el mensaje de Churchill tanto como Tim y Nattalie. Para ellos, «nunca se rindan» significa mucho más que un grito alentador o una conferencia histórica. Es el testimonio de su experiencia matrimonial, y una que ahora ellos sienten deben compartir con los demás.

Durante veintitrés años, mi esposo y yo no tuvimos la clase de matrimonio que Dios quería y solo a través de la pena del divorcio aprendimos los errores de nuestros caminos. No había adulterio ni nada parecido. De hecho, muchos nos admiraban como la perfecta familia cristiana. Tenemos cuatro maravillosos hijos, buenos trabajos y desde que en 1978 aceptamos a Cristo como nuestro Señor y Salvador, hemos estado involucrados en las actividades de la iglesia. Nuestros niños asistieron a una escuela cristiana privada hasta que económicamente no pudimos hacerlo, lo que fue otro error que cometimos.

Pero el asunta es que no nos amábamos ni honrábamos el uno al otro. Estábamos comprometidos con todo menos con nosotros. Amarnos uno al otro era el final de cada día y no el comienzo. Nos dábamos lo que sobraba y si no sobraba nada hoy, entonces esperábamos para mañana, pero mañana parecía nunca llegar.

Cometí el error de divorciarme de mi esposo porque en mi mente y corazón creí que no había esperanza para nosotros o nuestros hijos de llegar a ser esposos y padres buenos, firmes, amorosos y preocupados. Siempre trataba de hacer todo perfecto en vez de permitirle a Dios obrar.

Me alegra decir que nos volvimos a casar la semana pasada después de estar divorciados 115 días. Jamás seremos la pareja que solíamos ser porque elegimos no serlo. Somos realmente bendecidos por el amor y la paciencia infalible de Dios y más que todo su perdón.

Todas las mujeres que entrevistamos identificaron cuatro formas específicas para llenarse de energía mientras estuvieron en el proceso de recuperar a sus esposos. Piense en este viaje como si fuera estar atrapado en medio del desierto del Sahara. Con cada paso que dé, más fatigada y sedienta estará. Algunas veces podría sentirse sucumbir en la arena, demasiado cansada para moverse. De pronto, observa un oasis a la distancia, con toda la fuerza que le queda, logra llegar al agua refrescante, guarece su cuerpo quemado por el sol bajo las grandes ramas del follaje que le rodea. Instantáneamente se siente reavivada, llena de energía y nueva fuerza. Ahora está lista para tomar las aparentemente interminables dunas del desierto matrimonial. Ya se siente refrescada. Lo más importante, ahora lleva botellas de agua desbordantes de agua fresca y rejuvenecedora. De la misma manera, las siguientes cuatro claves para tener energía le proporcionarán sombra y apagarán su sed como un oasis salvador de vidas.

Cuatro maneras de rejuvenecerse

1. *Declare esperanza.* En este punto, sabe quién es en Cristo. También acepta quién es su esposo en Cristo. Puede decidir tener consejería con un pastor o consejero cristiano. Ha evaluado el lugar donde se encuentra y ha determinado no permanecer allí. Y no desea un remiendo rápido o una «curita» en su matrimonio. Quiere un cambio positivo en usted y ora para que Dios haga la obra en la vida de su esposo. Otros también oran con usted. Puede regocijarse de que a través de esta pena y sufrimiento, será fortalecida y su fe será refinada como oro puro.

Dios está trabajando en su crisis matrimonial para moldearla a imagen de Cristo. Él la está transformando desde adentro. Su carácter e integridad se están formando en Cristo. Está descubriendo la verdad de la que Pablo escribió: «Y no solo esto, sino que también nos gloriamos en las tribulaciones, sabiendo que la tribulación produce paciencia; y la paciencia, prueba; y la prueba, esperanza ... Y sabemos que a los que aman a Dios, todas las cosas les ayudan a bien, esto es, a los que conforme a su propósito son llamados» (Romanos 5.3-4; 8.28).

A medida que se asemeja más a Cristo, también comienza a actuar como Él a través de los frutos de su Espíritu: amor, gozo, paz, paciencia, benignidad, bondad, fidelidad y autocontrol. ¿Quién no querría estar casado con una mujer cuya vida irradia estas cualidades?

Ahora le vamos a decir algo que la puede impactar o quizás hasta ofender en un principio. Pero si lo necesita, tómese un momento para ponderar y meditar sobre esta verdad: En esta hora oscura y desalentadora, nunca antes en su vida había estado en un mejor lugar para experimentar una relación tan abundante, repleta e importante con Dios, con sí misma, y con su esposo.

La crisis en la cual se encuentra está preñada de posibilidades tanto para usted como para su esposo. El potencial no tiene límites porque el Dios que trabaja en usted es infinito. Justo ahora está en posición de tener la relación con Dios y en su matrimonio que nunca hubiera soñado. Aquí está la promesa de Dios y mi oración por usted:

Para que habite Cristo por la fe en vuestros corazones, a fin de que, arraigados y cimentados en amor, seáis plenamente capaces de comprender con todos los santos cuál sea la anchura, la longitud, la profundidad y la altura, y de conocer el amor de Cristo, que excede a todo conocimiento, para que seáis llenos de toda la plenitud de Dios. Y a Aquel que es poderoso para hacer todas las cosas mucho más abundantemente de lo que pedimos o entendemos, según el poder que actúa en nosotros (Efesios 3.17-20).

En Cristo, su situación está llena de esperanza. En una reciente película, «The Truman Show» (El Show de Truman), hay una escena particular en la cual el personaje principal, Truman, está sentado en la playa esperando la salida del sol. Ha pasado por mucho dolor y confusión, pero se encuentra a punto de tomar una gran decisión en su vida. Cuando Truman fija su mirada sobre el mar oscurecido, es como si todo su futuro, la culminación de todas sus esperanzas y sueños, estuvieran puestas en la salida del sol. Después de todo, si tiene fe que su nueva decisión producirá cambios positivos en su vida, entonces el sol deberá salir. En medio de gran confusión, por lo menos él puede contar con que el sol lance su cálida y energizante luz sobre su cuerpo helado. Mientras Truman mira con sus ojos llenos de esperanza, la escena se desvía hacia el hombre que ha sido el arquitecto de la vida inventada de Truman. Cuando este hombre mira el aprieto de Truman, es como si entendiera lo que su hijo necesita en ese momento. Y con esto, su productor suavemente ordena, «envíen el amanecer». La esperanza ha sido otorgada. En su vida, su Padre eterno está «enviando su amanecer» de esperanza. Mantenga sus ojos fijos en Él y su habilidad para llenar sus necesidades. Así como Truman lo descubrió, la esperanza es una cosa muy poderosa.

2. *Haga un compromiso.* Por años yo (Gary) he enseñado como una verdad que el amor es una decisión, por lo tanto es un compromiso. Comprometerse a amar es una decisión que se hace a pesar de los sentimientos. Los sentimientos no tienen que preceder su comportamiento. Usted hace un compromiso de

actuar como si amara a su esposo ya sea que los sentimientos de amor estén allí en este momento o no.

Quizás sea usted la que ha estado poniendo distancia entre usted y su esposo. Quizás haya tenido un romance emocional o físico. Tal vez ya no sienta una atracción hacia su esposo, pero puede hacer una decisión y un compromiso sin sentirse atraída ahora. El sentimiento vendrá luego.

Cuando hace un compromiso, necesita considerar las obligaciones naturales de este. He aquí algunas de estas obligaciones:

- El divorcio tiene consecuencias. Con el divorcio la vida puede volverse mucho más complicada.
- Los niños son las piezas rotas en un divorcio. El divorcio conlleva heridas, dolor y culpa.
- El divorcio es costoso. Las negociaciones financieras y el establecimiento del divorcio son un proceso costoso que agrega tensión sobre lo que ya puede ser un matrimonio en las ruinas financieras.
- El divorcio es doloroso para los niños y la familia. Una muchacha de secundaria nos ilustró esto al escribirnos la siguiente carta.

Mi nombre es Jennifer y mis padres, Keith y Molly, han estado casados casi veinticinco años. Siento decirle que no han sido muy brillantes. Cuando yo era pequeña (tengo 18 años ahora), pensaba que tenía una familia normal. Mi hermano y yo estábamos en un club para mejorar nuestra salud, tomábamos clases de baile y explorábamos la tierra alrededor de nuestra casa en Texas. Mi papá fabricaba remolques para ganado, y mi mamá permanecía en casa con nosotros. Suena muy normal, ¿no le parece?

Comencé en la gimnasia cuando tenía como cuatro años y creo que Dios me dio ese talento. Mi papá siempre se interesaba en lo que mi hermano y yo hacíamos, pero parecía que nunca tenía tiempo para venir a mis competencias o a los conciertos de banda de mi hermano, incluso cuando éramos pequeños. En ese entonces hizo un mayor esfuerzo que cuando crecimos. Cuando tenía diez años decidimos mudarnos para que yo pudiera entrenarme en un gimnasio de alto nivel con los mejores instructores del área. Todo un sueño, pero eso significaba dejar a mi papá y a mi hermano. Era algo que no parecía realmente fácil de hacer, pero por alguna extraña razón no fue tan difícil para mí de todos modos.

Mi mamá y yo nos fuimos a otra ciudad. Después de un tiempo, mi hermano vino a vivir con nosotras y mi papá se quedó solo. Él venía a visitarnos los fines de semana, pero éstos pasaban tan rápido. Supongo que podría decirse que realmente no compartíamos «calidad de tiempo en familia». Mi madre me apoyó en el deporte a pesar de que algunas veces lo que quería era terminar con él. Después de casi cuatro años decidimos mudarnos de nuevo. Me entrené en otra ciudad por algún tiempo y luego terminé mi carrera de gimnasia en California. Mi padre se mudó con nosotros tratando de conseguir un empleo, pero por alguna razón no lo logró. Entonces se mudó a otro estado para buscar empleo.

Últimamente he estado meditando si en realidad no logró conseguir empleo o si no quería tener un empleo cerca de nosotros. Él iba y venía los fines de semana para vernos. Lo veíamos casi cada fin de semana con excepción de este año pasado.

A principios de este año, mi último año de secundaria superior, noté algunos cambios entre mis padres. Podía ver que ellos no eran los mismos en su relación. Él rara vez mostraba algún afecto hacia mamá. Pienso que la única muestra de afecto que vi fue un abrazo y quizás un pequeño beso cuando se despedía. Cuando le preguntaba a mamá qué estaba mal, ella solo decía «nada» a pesar de que sí había algo mal. Yo lo sentía.

Entonces una tarde lo descubrí. Creo que fue en una práctica de las animadoras deportivas cuando mi papá le dijo a mi mamá lo que sucedía. Él tenía un romance. Cuando mi mamá me lo contó me enfadé mucho. Pensé que iba a escupir fuego. Evidentemente, mi papá tenía este romance desde hacía algún tiempo y sus sentimientos hacia mamá habían cambiado. Me culpé durante mucho tiempo. Pensé que era mi culpa por mantenerlos separados por tanto tiempo mientras trataba de llegar a los Juegos Olímpicos o por lo menos obtener una beca para que se sintieran orgullosos. Ese pensamiento aún pende en lo profundo de mi mente a pesar de que mis padres predican que no es mi culpa. Esto no es un pensamiento que simplemente puedo apagar. Al igual que los sentimientos por alguien no se pueden apagar así como así. Si pudiera empezar de nuevo, cambiaría en un segundo mi gimnasia por el matrimonio de mis padres. Pero no puedo.

Los niños pagan un precio emocional muy elevado cuando sus padres se divorcian. Los familiares se ven en una embarazosa y difícil situación al relacionarse con las partes divorciadas.

Debido a las dolorosas consecuencias, existen obligaciones naturales para seguir casada. Aunque estas obligaciones naturales no pueden mantenerla casada, su compromiso espiritual puede profundizar su resolución de continuar trabajando en su matrimonio. Pedro escribió: «Asimismo vosotras, mujeres, estad sujetas a vuestros maridos para que también los que no creen a la palabra, sean ganados sin palabra por la conducta de sus esposa, considerando vuestra conducta casta y respetuosa» (1 Pedro 3.1-2).

3. *Acepte, no espere*. Tiene que haber un conocimiento de que nadie ni nada la hará decepcionarse. Cuando su esposo la defraude, entonces él ha fallado al no cumplir una de las expectativas que usted tiene de él. Conocer eso fue como encender una luz para una pareja que yo (Gary) aconsejaba. Les dije: «Ustedes no pueden tener expectativas irreales uno del otro». Las expectativas de ella para con su esposo lo habían alejado.

¿Cuál es la diferencia entre una expectativa válida y una irreal? Una expectativa válida se basa en un compromiso realista aceptado mutuamente por usted y su compañero. Una expectativa irreal puede ser alguna cosa que unilateralmente decidió basada en su educación o en modelos de comportamiento (o la falta de ellos) para esposos. Renuncie a las expectativas irreales. Déjelas al pie de la cruz y niéguese a recogerlas de nuevo.

Usted puede soñar y tener metas. Renunciar a las expectativas irreales no significa que vague sin metas, pero si tiene expectativas personales de él, se está preparando para la decepción en cada paso del camino. Las expectativas incumplidas producen enojo. Puede esperar ciertas acciones o actitudes de usted, pero no de él.

La aceptación es otra cosa. Las Escrituras claramente ordenan: «Por tanto, recibíos los unos a los otros, como también Cristo nos recibió, para gloria de Dios» (Romanos 15.7).

La aceptación invita a su esposo a acercarse mientras que las expectativas irreales lo alejan. Déjeme darle un ejemplo. Podría esperar que su esposo la llame si va a retrasarse cinco minutos en recogerla. Es importante moverse más allá del nivel legalista. Las expectativas legalistas crean falta de confianza entre esposos.

Decídase a aceptarlo y a halar con él en vez de en su contra. A veces, él será el compañero más fuerte en su matrimonio y le ayudará en las circunstancias difíciles. Otras veces, usted será la más fuerte.

4. *Concéntrese en soluciones, no en problemas.* Es sumamente importante concentrarse en el presente y en construir las bases para el futuro. Con materiales viejos no pueden construir una casa nueva y segura para el futuro. No excave todos los errores del pasado que un tropezón de hoy podrían hacerle recordar. Elija olvidar el pasado para que no lo arrastre dentro del proceso actual de reconstrucción.

No se permite excavar. Imagínese remodelar un dormitorio usando una vieja y podrida viga que acaba de quitar como el soporte para un nuevo techo, pared o piso. Que cosa tan tonta sería reconstruir con materiales viejos y dañados. Igualmente, niéguese a sacar a flote viejas heridas y dolores mientras desarrolla su plan para recuperar a su esposo. Por ejemplo, si el adulterio ha afectado su matrimonio, recordar los detalles gráficos no le ayudará a sanar la relación. Olvide y entierre el pasado. Concentrarse en el pasado y en problemas específicos no le permiten ver el futuro y las soluciones al problema. Ponga un límite y establezca una regla: ¡No se permite excavar!

Recuerde lo que funcionó, no lo que no funcionó. Algunas actitudes y comportamientos maravillosos atrajeron a su esposo hacia usted al principio de su matrimonio. Además, probablemente su relación ha tenido tiempos mejores. Las preguntas que se debe hacer son: ¿Qué era diferente en ese tiempo? ¿Qué hacía yo diferente? ¿Qué hacíamos los dos diferente? Note que no sugerimos que pregunte, ¿«Qué estaba haciendo diferente mi esposo?» La razón es que quizás sea fácil recordar lo que él estaba haciendo mal. Pero de nuevo, queremos que se concentre en lo que podemos hacer. Vaya más allá de la viga podrida. Llegue hasta el armazón y los cimientos que dieron vida y chispa a su matrimonio.

Afirme en usted y en su esposo las cualidades que engrandecen su matrimonio en lugar de enfocarse en los problemas y defectos. Busque las excepciones en sus problemas. Queremos que busque activamente aquellas cosas que fueron causa de satisfacción en su relación. Concéntrese en la solución en lugar de los problemas.

Tenemos una maravillosa historia sobre violetas africanas que va muy bien en este punto. Milton Erickson, siquiatra ya fallecido, relató la historia una visita que hizo a la casa de un amigo en Milwaukee. Su amigo tenía una tía cristiana que era muy anciana y muy rica. Esta vivía en una enorme casa victoriana con antigüedades increíbles, pero su amigo estaba preocupada porque estaba deprimida. Y por esto, Milton fue a la casa, por solicitud de su amigo, para visitar a su tía.

La tía lo llevó en un recorrido por su casa. Todas las persianas estaban cerradas. Estaba oscuro, sombrío y deprimente. El último cuarto al que lo llevó era su cuarto de violetas africanas donde ella cultivaba unas espléndidas flores de esta especie. Así que cuando Milton, el siquiatra, regresó al patio le dijo:

—Puedo ver cuál es su problema.

—¿Qué quiere decir?, ella contestó

—Usted no es realmente una buena cristiana, le dijo Milton.

—¿Qué quiere decir?, preguntó la anciana, algo insultada.

—Bueno, aquí tiene el gran don de cultivar violetas africanas, y se lo guarda todo para si. Si yo fuera usted, iría a la iglesia y tomaría el boletín y cuando alguien tuviera un cumpleaños, una muerte, una boda, un aniversario, o lo que fuera, les llevaría de regalo violetas africanas.

Cuando Erickson me contó la historia de esta mujer, sacó un viejo y amarillento periódico de Milwaukee. Un encabezado de la primera plana leía: «La reina de las violetas africanas de Milwaukee muere ... llorada por miles».

Esa tía del amigo de Erickson tomó a pecho lo que él dijo. Después que él se fue, ella comenzó a hacer exactamente lo que él dijo. Empezó a cultivar violetas por toda la casa. Se abrieron más ventanas y la luz llenó la casa que era antes oscura. Cuando sus violetas florecían las llevaba a la gente de todo Milwaukee. Hizo amigos y los invitaba a su casa para ver sus violetas. Todo esto la condujo a desarrollar una vida increíble en el ministerio con otras personas.

El sobrino le pregunto a Erickson: ¿«Qué te hizo pensar en eso en lugar de tratarla por su depresión?»

Respondió: «Decidí que era más fácil cultivar la parte de las violetas africanas en su vida que desyerbar la depresión».

Este es un excelente ejemplo para recuperar a su esposo. En vez de concentrarse en tratar de desyerbar los problemas de su relación, vuelva su atención hacia las soluciones necesarias para engrandecerla. Por ejemplo, podría estar pensando: *Ayudaría a nuestra relación si mi esposo dejara de hacerme sentir que todas las demás cosas son una prioridad. Su trabajo, amigos y pasatiempos me hacen sentir número siete u ocho en su lista de prioridades.* ¿Cuántso de nosotros nos hemos sentido así antes? El problema es que todavía se está concentrando en lo que no funciona, o como lo explicó el Dr. Erickson, en desyerbar la depresión. Si su objetivo es sentirse una prioridad, busque momentos en que su esposo la haga sentirse prioridad. Podría ser cualquier cosa pequeña y aparentemente insignificante que él haga. Enfocar la solución sería: «Cuando recogiste tu taza de cereal y la pusiste en la lavadora de platos me hiciste sentir una prioridad. Me hiciste sentir que reconoces lo importante que es para mí que me ayudes en las tareas de la casa». Entonces podría añadir: «Si realmente quieres verme volar, tambien puedes _____. Gracias por hacerme sentir una prioridad». Note que al enfocar lo positivo (las excepciones) se mantiene la conversación en el campo de las soluciones.

Mantener sus ojos en lo que funciona, en lugar de los problemas, es vital para cultivar las violetas africanas en su vida. Puede que se sienta desalentada porque su esposo no valora sus dones y esto ha bloqueado la luz solar, y sus violetas no han crecido. Descubra cuáles son sus violetas y permítales crecer. Déle estos regalos de belleza en su relación con él. Algunos ejemplos de sus violetas africanas podrían ser la afirmación de su lado fuerte, estímulo de sus dones y elogio de sus logros.

Si su esposo ha perdido el intersé en usted, quizás usted tendrá que desarrollar sus propias violetas africanas. Comience por abrir algunos de los aposentos en la casa que está renovando para permitir la entrada de luz, para que sean atractivos para él. No puede dar lo que no cultiva en sí misma.

Una trampa potencial para recuperar a su esposo es tratar de convertirse en lo que cree que él quiere que sea. La clave para su plan es preguntar: «¿Señor, quién quieres tú que yo sea?»

Una de las cosas más duras que necesitará hacer para recuperar a su esposo es comenzar a honrarlo. Debido a las heridas y dolor en su actual y tirante relación, honrar a su esposo será un gran compromiso. Ahora podemos continuar al siguiente paso importante.

Capítulo
Seis

Honre a su esposo

Dios ha creado en cada hombre la habilidad natural de ser el líder amoroso que su familia necesita.[1]

Gary Smalley

Recientemente salí de nuestra casa familiar para mudarme a mi propia casa con mis dos hijas de matrimonios anteriores. Mi esposo Kevin y yo estuvimos de acuerdo en que la separación sería a prueba para ayudar a «darnos un respiro». Sin embargo, poco tiempo después Kevin vino a mi apartamento para hablar. «Estoy solicitando el divorcio», dijo friamente. «Tú debes seguir con tu vida». Yo me senté por largo rato sin saber cómo responder. «¿Es esto lo que quisiste decir con "darnos un respiro"?», le grité con sarcasmo cuando Kevin se dirigió a la puerta. «Todavía te amo y probablemente siempre lo haré». Y entonces se marchó.

Aproximadamente un mes después recibí mis papeles de divorcio. Y entonces la bomba estalló. Alguien me dijo que él estaba viendo a otra mujer. Para hacer las circunstancias aun más difíciles, la mujer también se estaba divorciando y asistía a la iglesia donde mi familia y yo éramos feligreses.

Durante las siguientes semanas, caminé dentro de la iglesia con mi cabeza muy en alto. Fue la gracia de Dios la que me permitió estar delante de todos y recibir el consuelo que tan desesperadamente necesitaba de Dios. La relación entre mi esposo y su nueva «amiga» se volvió cada vez más descarada y finalmente se les solicitó que eligieran entre hacer lo que estaba correcto (lo que dice la Palabra de Dios) y lo que ellos querían. Ahora han dejado la iglesia junto con todos los miembros de su familia y sus amigos más cercanos.

No quiero terminar mi matrimonio. Creo con todo mi corazón que Dios no rompería dos matrimonios para unir a dos personas. He orado diligentemente por la reconciliación con mi esposo. Oro diariamente para que el Señor haga su voluntad en mi matrimonio.

Gary, en todos sus ejemplos, usted le aconseja a las mujeres que muestren interés, adoración, amor genuino, respeto, sumisión y honren a sus esposos. Pero ¿cómo podría hacerlo cuando Kevin ni siquiera me habla? He discutido esta situación con mi pastor. Él aconseja que debo entregar mi esposo al Señor y permitir que Él obre en la situación.

Nuestro más grande llamado: Honra

Esta preciosa esposa hizo una de las más importantes preguntas que conocemos: ¿Cómo hago para honrar a mi esposo sin importar lo que él haga? Intentar responder a esta pregunta comienza con entender que el amor genuino es un obsequio que damos. No es comprado con acciones ni depende de nuestras emociones. Esto puede traer fuertes sentimientos emocionales, pero no está apoyado por ellos. En cambio, amar es una decisión que hacemos a diario por alguien que es especial y valioso para nosotros. Como el amor genuino, la honra es un presente que le damos a alguien. Honrar implica hacer la decisión de valorar altamente a una persona aun antes de que pongamos el amor en acción. En muchos casos, el amor comienza a aflorar una vez que hemos decidido honrar a esa persona.

¿Cómo hacemos del amor una decisión? Jesús contestó esta pregunta hace muchos años cuando le habló a un joven abogado. Le dijo: «Amarás al Señor tu Dios con todo tu corazón, y con toda tu alma, y con toda tu mente. Este es el primero y grande mandamiento. Y el segundo es semejante: Amarás a tu prójimo como a ti mismo». (Mateo 22.37-39). Este versículo ilustra tres de los más grandes y reverenciados aspectos del amar a Dios, amar a otros y encontrar valor en nosotros mismos.

Este versículo es también la esencia de la honra. El Dr. John Gottman, experto consejero matrimonial, ha descubierto a través de su investigación lo mismo que las Escrituras han estado diciendo durante siglos: La clave absoluta para una relación saludable es la honra. Es el más grande de los mandamientos.[2]

Hay infinidad de definiciones para la palabra *honra*. Nosotros definimos *honra* como «una decisión expresada al dar alto valor e importancia a otra persona, mirándola como un regalo inestimable, y respetuosamente otorgándole a él o a ella un lugar en la vida de uno».

Para aclarar aun más lo que es honra antes de aplicarla, veamos lo que no es. Escribimos en *Bound by Honor* [Unidos por la honra]: «la *deshonra* es algo o alguien que tiene poco valor o peso». Cuando deshonramos a la gente, conscientemente o sin saberlo, los tratamos como si tuvieran poca importancia o valor.

Justificamos el enojo, el sarcasmo, la crítica injusta, las compara-
ciones poco sanas, el favoritismo, la contradicción, los celos, el
egoísmo, la envidia, el racismo y otros males como armas legales
para usar contra la gente que consideramos de poco valor. Mientras menor sea el valor que le damos a las personas, más fácil será
«justificar» deshonrarlas con nuestras palabras o tratarlas sin
respeto.

La deshonra tiene sus raíces en la actitud de la persona que se
cree justa y es arrogante. Cuando deshonramos a un esposo, lo
tratamos de una forma inferior mientras que nosotros asumi-
mos una actitud superior. La honra refleja la clase de humildad
que Jesús ejemplificó:

«Por tanto, si hay alguna consolación en Cristo, si algún consuelo de amor, si alguna comunión del Espíritu, si algún afecto
entrañable, si alguna misericordia, completad mi gozo, sintiendo
lo mismo, teniendo el mismo amor, unánimes, sintiendo una
misma cosa. Nada hagáis por contienda o por vanagloria; antes
bien con humildad, estimando cada uno a los demás como supe-
riores a él mismo; no mirando cada uno por lo suyo propio, sino
cada cual también por lo de los otros. Haya, pues, en vosotros
este sentir que hubo también en Cristo Jesús, el cual, siendo en
forma de Dios, no estimó el ser igual a Dios como cosa a que afe-
rrarse, sino que se despojó a sí mismo, tomando forma de siervo,
hecho semejante a los hombres; y estando en la condición de
hombre, se humilló a sí mismo, haciéndose obediente hasta la
muerte, y muerte de cruz» (Filipenses 2.1-8).

La actitud de Jesús fue la de un sirviente. Cuando ambos, usted y su esposo, tienen una actitud de sirvientes el uno hacia el
otro, entonces se honrarán entre sí.

Si tomamos en serio honrar a Dios, a nuestro compañero, a
nuestros hijos y a otros, comenzaremos a combatir la inclina-

ción natural de deshonrarlos tomándolos a la ligera. ¿Cómo podemos hacer esto? Podemos comenzar por entender dos aspectos de la definición de honra.

1. *Un tesoro sin precio.* «Porque donde esté vuestro tesoro, allí estará también vuestro corazón» (Mateo 6.21). Como lo explica este versículo, usted honra a Dios y a su esposo al darles el valor de un costoso regalo o tesoro especiales. Por ejemplo, usted puede ver a su esposo como el diamante más grande el mundo. Seamos honestos. ¡Algunas veces la decisión de tratar a su compañero como un regalo costoso tiene que hacerse cada hora! Cuando miramos a alguien como un diamante de valor incalculable, nuestros sentimientos positivos por ellos se incrementan. Qué rica ganancia.

2. *Una posición altamente respetada.* La honra no solo se aplica a alguien que consideramos un tesoro inapreciable. También puede usarse para alguien que ocupa una posición altamente respetada. Alguien elevado en nuestra lista de prioridades. Y ¿qué si usted no se «siente» como para otorgar respeto a esa persona? La buena noticia es que los sentimientos positivos usualmente siguen la decisión de honrar a alguien. ¿Qué lugar siente su esposo que ocupa en su vida? Si usted quiere que la honra brille en su casa, entonces tendrá que asegurarse que su esposo se sienta como la prioridad número uno.

En nuestra vidas hay ocasiones en las cuales no tenemos motivación para hacer tareas importantes pero las hacemos de todas maneras. Necesitamos darle medicina a nuestro hijo de dos años aun si éste se niega a tomarla. O quizás tenemos que trabajar hasta tarde para cumplir con la entrega de un informe, sin importar cómo esto altere nuestro horario o nos robe el sueño. O quizás debamos levantarnos cada día una hora más temprano de lo normal para hacer ejercicio y pasar algún tiempo en la Palabra y en oración. Cualquiera que sea la situación, tenemos ocasiones cuando todos nuestros instintos naturales pueden decir que no, pero la Palabra de Dios, o el interés por otra persona, exige decir sí. Así pues, ¿cómo aplica la honra dentro de su relación matrimonial? La respuesta podría sorprenderla.

Use la honra para recuperar a su esposo

En la tarea de recuperar a su esposo, es importante renovar áreas en su relación que puedan servir como lugares en los que ambos puedan disfrutar. Imagine decorar en una casa una habitación que todos puedan disfrutar. Es un lugar acogedor, lleno de velas aromáticas y luz tenue. Las cortinas y accesorios en la habitación son agradables y de buen gusto. Los colores de la habitación han sido cuidadosamente seleccionados para reflejar los gustos más refinados de ambos, de usted y su esposo. Es una habitación que invita a la conversación, la cercanía y la intimidad. Es un lugar donde ambos se sienten a gusto.

Al decorar esa habitación, podría hacer una lista de todos los artículos necesarios para hacerla un bello lugar. Lo mismo pasa al reconstruir una relación para recuperar a su esposo. Es importante hacer una lista de los dones que admira más en su esposo y los que Dios le ha dado a usted también.

Dones que Dios le ha dado a usted	Dones que Dios le ha dado a su esposo

Cuando hizo su lista de los dones admirables que Dios le dio a su esposo, usted comenzó el proceso de honrarlo. Al honrar no solo se anotan los atributos positivos que Dios le dio a su esposo, sino que también se practica el orar a Dios por ellos y el hablar de ellos frecuentemente con la otra persona. Lo que siembre en la vida de otra persona, eso recogerá. Siembre amor y recoja una cosecha de amor. Siembre honra y estima y recoja lo mismo. Igualmente, siembre deshonra y recogerá una cosecha de dolor y pena.

Tenga cuidado en este punto. Usted no está honrando lo que él no es. Concéntrese de verdad en lo que puede honestamente estimar en él y deje de criticar lo que no es. La adulación se centra en lo que no es cierto o es solo superficial. La honra alienta lo que es cierto.

Estas listas no pretenden adularla a usted o a su esposo. De hecho, quizás no tenga la oportunidad de compartir esta lista en varios meses. Las listas son primeramente para usted, no para él. Ellas beneficiarán sus sentimientos y emociones acerca de Dios, usted misma y su esposo. Trate de cultivar estos dones cada día en usted y en él.

Dios les ha dado asombrosos dones para compartir en su matrimonio. Es tiempo de que los dos juntos clamen a Él por su ayuda para usar estos dones.

En estos momentos su esposo puede estar muy cerrado hacia usted, pero ahora usted está preparada para tomar algunos pasos hacia la apertura de su espíritu. Aunque usted no lo crea, ¡aún es posible que él se abra a usted!

Capítulo
Siete

Abra el espíritu cerrado de su esposo

Airaos, pero no pequéis; no se ponga el sol sobre vuestro enojo, ni deis lugar al diablo

Efesios 4.26-27

Hemos visto que el enojo tiene muchas consecuencias trágicas en el matrimonio o la familia. Miremos tres de los más mortales resultados.

1. *El enojo crea distancia.* Si está casado con una persona enojada, él o ella usualmente tratará de distanciarlos. Puede que quieran estar cerca pero la persona ofendida se retirará. La gente enojada rechaza la cercanía. Mejore la relación y ellos la sabotearán. Diga negro y ellos dirán blanco, solo para mantener la distancia. En la mayoría de los casos, sin embargo, la distancia es un destructor. Provoca que esposos y esposas, padres e hijos se alejen uno del otro. El hogar se transforma en poco más que un dormitorio con compañeros hostiles.

2. El enojo nos empuja a la oscuridad. El apóstol Juan esbozó un notable cuadro de la vida real sobre lo que sucede a quienes se aferran al enojo: «El que dice que está en la luz, y aborrece a su hermano, está todavía en tinieblas. El que ama a su hermano, permanece en la luz, y en él no hay tropiezo. Pero el que aborrece a su hermano está en tinieblas, y anda en tinieblas, y no sabe a dónde va, porque las tinieblas le han cegado los ojos» (1 Juan 2.9-11).

El enojo sin resolver hace esto en nuestras vidas. Hace trizas nuestras perspectivas y nos lanza al caos. No sabemos dónde estamos. No podemos pensar con lógica. No nos damos cuenta de lo que nos hacemos a nosotros mismos y a los que amamos. Además, caminar constantemente en la oscuridad nos previene de ser sensibles o amables con otros. También mata cualquier interés que tengamos en estudiar la Palabra de Dios y congela todo deseo de agradar y honrar a Dios o de experimentar su gozo, contentamiento y paz.

3. El enojo nos ata en nudos. Como pocas otras emociones, el enojo nos restringe y sujeta, atándonos en nudos internos. Como una cuerda atada alrededor de nuestros pies y manos, el enojo obstaculiza y entorpece. Nuestro cónyuge y los niños que viven en un hogar enojado y amargado se sienten impedidos y maniatados. Aun más, se les impide descubrir su potencial. Pero buscar su perdón es como liberarlos de apretadas cuerdas que atan sus vidas y cortan la circulación. La siguiente historia ilustra el poder de abrir el espíritu cerrado de su esposo.

Cuando yo (Mary) era joven, me dijeron que yo era una bella y dulce muchacha. Permanecía despierta en la cama soñando que seguramente alguien me amaría sin condiciones y me salvaría de la horrible pesadilla del abuso físico y sexual. Pero nadie llegó.

Con el tiempo, conocí a Bart, mi esposo. Él era mi caballero en brillante armadura, diferente al resto. Así pues me casé con él, aún sin saber lo que era el amor verdadero. Él provenía de una amorosa familia temerosa de Dios. Su familia me había rechazado desde el principio. Durante cuatro años veneré el suelo por el que mi esposo caminaba. Traté infructuosamente de ganarme el aprecio y respeto que merecía de mis padres políticos. Ellos tenían poco en común con nosotros, aun cuando su primer y único nieto nació. De nuevo fui rechazada. ¡Me estaba volviendo frustrada y enojada! ¿Por qué nadie me prestaba atención? De seguro no era suficientemente buena para nadie.

Entonces las aventuras amorosas comenzaron. En un período de ocho años, tuve seis aventuras diferentes. Era una época muy confusa para mí. Nuestro matrimonio no era malo, sin peleas ni ningún tipo de abuso, pero ciertamente no era un matrimonio enfocado en Dios. Poco tiempo después de casarnos le confesé a Bart acerca de mi pasado, pero no sobre las aventuras. Hubo abortos, una enfermedad de transmisión sexual, un matrimonio previo y dos niños. Pero, gracias a Dios, Bart me amó y aun hoy me ama. Esto requirió la fortaleza divina, otra cosa no pudo ser.

Durante los siguientes meses, el Espíritu Santo trabajó en mi vida. Llegué a la convicción de que necesitaba confesar mis aventuras a mi esposo. Me di cuenta que hasta que no fuera totalmente sincera, sería imposible tener la clase de relación satisfactoria que anhelaba.

He aquí el recuento de Bart sobre esa noche:
Mientras estaba sentado en nuestra cama, agitaba ambos puños con gran enojo, y le dije a la mujer que tanto amaba que tenía mucha ira dentro de mi y que tenía que sacarla. Pero antes de co-

menzar quiero que estemos de acuerdo en que ambos nos amamos, somos adultos y que todos cometemos errores. No
podemos regresar y cambiar lo que ocurrió «ayer». Pero más
que todo quiero que sepas que te amo. No me voy a volver loco
ni airado, no voy a herirte. Necesitamos estar de acuerdo en que
regresaremos al día en que nos conocimos, y discutiremos cada
cosa. Pero sobre todo, estemos de acuerdo en ser veraces y
sinceros acerca de todo, sin ocultar nada.

A esto mi adorada esposa contestó: «De acuerdo». Entonces
comencé con preguntas sin importancia, las que me llevaron a
cuando por primera vez sospeché que estaba involucrada con
otro hombre. Su respuesta fue: «No estoy preparada para hablar
acerca de esto». Sin embargo, después de unos minutos de conversación le hice la misma pregunta y ella respondió: «Sí, estuve
involucrada con ese hombre por algún tiempo».

Desde este punto, caminé cronológicamente por cinco
aventuras. Ahora sé en mi corazón que esta fue la forma en que
Dios me mostró que mi esposa estaba siendo totalmente sincera
conmigo. Esto a cambio trajo consuelo y seguridad, al saber que
finalmente podía confiar y creer en ella.

Pronto ambos quedamos extenuados. Tratamos de dormir,
pero temprano en la mañana me despertó la cosa más aterrado-
ra que jamás había conocido. Lloraba fuera de control. Dije algunas cosas a mi esposa incluyendo: «Quiero el divorcio».

Ella se deslizó en la cama hasta mí, puso sus brazos a mi alrededor y dijo, «Lo siento. ¿Podrías por favor perdonarme?» Esto
fue como si cada pedazo lastimado se sanara al instante. El amor
retornó y ha estado allí sin lugar a dudas desde entonces.

Mary: «Así es que ahora estamos comenzando de nuevo y ha
sido mejor de lo que antes fue por una razón: Dios es el centro
de la relación».

Bart y Mary son verdaderos ejemplos del poder sanador de disolver el enojo y la amargura en el corazón de nuestro compañero. Como escribimos en *The key to your children's heart* [La llave al corazón de su hijo] después de ser testigos fieles de la devastación que el enojo puede producir en una familia o relación, hemos identificado cinco actitudes cruciales que pueden ayudar a que los enojos acumulados en el corazón no drene la vida de una persona.

1. *Sea suave y tierna.* El primer paso es volverse suave en su mente y espíritu. Baje su voz y suavice sus expresiones faciales. Esto refleja honra y humildad; y como sugiere Proverbios 15.1: «La blanda respuesta quita la ira; más la palabra áspera hace subir el furor».

2. *Entienda lo mejor que pueda lo que su esposo ha soportado.* Es importante el entender sinceramente la pena que su esposo siente y cómo él ha interpretado su comportamiento ofensivo. Pregúntele cómo interpreta lo sucedido. El objetivo es escuchar y entender lo que su compañero siente. No se defienda, no dé discursos ni cuestione por qué el hizo o no hizo algo. La mejor forma de lograr esto es usando la técnica de escuchar «sin bajarse del carro» descrita en las páginas 141-143.

3. *Admita que su esposo está lastimado y reconozca cualquier error que haya provocado esa herida.* El tercer paso es responsabilizarse por su comportamiento ofensivo. Un esposo se siente valioso cuando escucha que admite su error y ve que entiende cómo se siente él. Algunas veces esto es todo lo que se necesita para abrir un espíritu cerrado.

4. *Tóquelo suavemente.* Si trata de tocar a alguien con un espíritu lleno de ira, se dará cuenta cuán profundo es su dolor. La primera respuesta puede ser la obstinación o el alejamiento, pero la suavidad persistente expresada con toques significativos,

como un masaje suave en un músculo contraido, puede lograr
mucho en drenar el enojo y los sentimientos negativos.

5. *Pida el perdón y espere una respuesta.* El paso final es darle a
su esposo la oportunidad de responder a su confesión. Tal como
lo demostró Mary, pregunte si él puede encontrar en su corazón
el perdón para usted. Sabrá que una restauración ha ocurrido
verdaderamente cuando el perdón le sea otorgado y él permita
que usted lo toque.

El enojo nos limita y nos ata, amarrándonos en nudos internos. El perdón, por otro lado, nos libera de esas ataduras y desata
los nudos que nos mantienen cautivos. El Señor Jesús nos da un
poderoso cuadro verbal de perdón en Lucas 6.37, cuando dice:
«No juzguéis, y no seréis juzgados; no condenéis y no seréis
condenados; perdonad, y seréis perdonados». La palabra que usa
para perdón literalmente significa: «liberar por completo, desatar o dejar ir». Esta es la única vez en el Nuevo Testamento que
esta palabra se traduce «perdón». En otras circunstancias significa «liberación» o «libertad», como cuando Lázaro salió de la
tumba, atado de pies y manos en lienzos mortuorios y Jesús
dijo: «Desátenlo, y déjenlo ir».

¿Qué si su esposo se niega a perdonar?

Si ha seguido estos cinco pasos y su esposo se niega a perdo-
narla, hay varias posibles razones. Podría ser que la ofensa es
mucho más profunda de lo que creyó o que quiera primero ver el
cambio en su comportamiento. Cualquiera que sea la razón, lo
mejor es tener paciencia. Sin importar su respuesta, nunca deje el
asunto del todo solo porque él no está preparado para perdonar-
la. Permita que la situación se enfríe un poco y entonces vuelva a
repetir los cinco pasos.

Para mucha gente, especialmente hombres, las palabras hirientes pueden desatar una reacción defensiva, aun otra ronda de batalla. Pero los hombres o mujeres que son suficientemente sabios para desatar el nudo del enojo en el corazón del otro, aprenderán a escuchar a los sentimientos heridos detrás de la explosión emocional más allá de las palabras hirientes. La tensión está presente en algunos de esos nudos. Al desatarlos pueden liberarse algunos de los sentimientos negativos mantenidos bajo control. Su enfoque debe estar en desatar los nudos y liberar el enojo aun cuando esto sea incómodo para usted.

Tan enojada como pueda estar con su esposo, ¿podría perdonarlo? Su próximo paso: perdonar, requerirá de gran valentía.

Capítulo
Ocho

Perdone

Un cristiano encontrará más barato perdonar que resentir. El perdón ahorra el gasto del enojo, el costo del odio y el desperdicio de espíritus.

Hannah More

La gente más feliz es menos olvidadiza y más perdonadora.

Anónimo

«Papi botó mis rositas de maíz»

«¿Es hora para nuestra cita especial?» suplicó Taylor temprano el sábado. Parpadeando con dificultad, yo (Greg) traté de enfocarme en quién me habia sacado de mi profundo sueño. «¿Qué hora es?», dije con voz atontada. «¡Seis y treinta de la mañana!», grité. Pero estaba tan emocionado como Taylor. Habíamos estado planificando este día por varias semanas. Mami iría de com-

pras con una amiga, así que Taylor y yo tendríamos el día entero
pra estar juntos.

La primera parte del día la pasamos jugando alrededor de la
casa. Luego nos dirigimos a nuestro lugar favorito para comer
...¡Chuck E. Cheese! Nos llenamos con pizza y jugamos por horas. Nos sentíamos cerca uno del otro. Sonreí orgulloso cuando
ella vino hacia mí, echó los brazos a mi alrededor, y gritó:
«Papi ... te quiero tanto».

La siguiente parte de nuestra cita especial nos llevó al cine.
Taylor había estado hablando sin cesar sobre una película
«George de la jungla». Había visto un adelanto y sentía que su
vida dependía de ver la película. Taylor y yo nos cargamos con
rositas de maíz, dulces, refrescos y un batido de fruta licuada.
Mientras mi hija cargaba su galón de palomitas de maíz y caminaba por el pasillo, una vez más expresó: «Papi ... te quiero mucho». Yo estaba en el cielo.

¡Desafortunadamente, no tenía idea que iba camino al purga-
torio!

En el momento que mi preciosa hija se sentó en el concurrido
cine, llegó a la conclusión de que ya no quería ver *George de la
Jungla*. Todo lo que deseaba era estar en algún otro lugar. Su único problema, sin embargo, era papá. Yo había pagado bastante
dinero para ver esta película y por alguna razón escogí este momento para enseñar a mi hija de tres años acerca de la responsabilidad financiera. La lección duró cerca de .07 segundos, o lo que
tarda una niña de tres años en gritar con tanta fuerza como para
erizar el cabello de cualquier persona en el auditorio. Mientras la
gente del fondo subió a sus sillas para observar que cosa horrible
sucedía, saqué a Taylor del lugar. Y a pesar de todos mis años de
entrenamiento sicológico en modificación de conducta, no pude
convencerla que mirara la película. Por lo tanto, hice algo que no

aprendí en mi doctorado. Agarré su cubo de palomitas, lo metí dentro del basurero, y le dije que estaba en un serio problema. Mientras bajamos freneticamente el mismo pasillo que una vez fuera el sitio de añoranza, sus únicas palabras ahora fueron: «Tú no me gustas».

Cuando llegamos a casa, llevé a Taylor a su habitación, la envié a la cama y tiré la puerta. Me senté en mi silla y traté de determinar cómo nuestro día perfecto se había vuelto algo tan horrible. Pronto comprendí que mi frustración parecía más acerca de mis expectativas que de sus acciones. Era solo una película de $6 y habíamos tenido un día tan bonito. ¿Realmente necesitaba reaccionar de esa manera? Pensé en todas las veces que le había predicado a Taylor: «Está bien si cometes un error, pero necesitas arreglarlo». Yo necesitaba arreglarlo.

Me senté en la cama de mi hija y la abracé fuerte. Mientras su pequeño cuerpo se sacudió por las lágrimas, le dije que papi había hecho mal al gritar y tirar sus rositas. Fue entonces cuando ella me miró y dijo en la voz más preciosa, «Papi, está bien cometer errores, ¡solo necesitas repararlos!» Al menos supe que me había escuchado.

Pida el perdón por sus errores

Un aspecto de corregir un error y hacer lo correcto es pedir perdón. Cuando yo (Greg) cerré el espíritu de Taylor al botar sus rositas, era necesario que reconociera mi error para poder restaurar la relación. Igualmente, un primer paso muy importante para recuperar a su esposo es pedir perdón por las cosas que usted pudo haber hecho para ofenderlo. Repasando el último capítulo, los pasos hacia la búsqueda del perdón son los que siguen:

- Sea suave y tierna con su esposo.
- Entienda, lo mejor que pueda, lo que su esposo ha soportado.
- Admita que su esposo está lastimado y reconozca cualquier error que haya provocado esa herida.
- Tóquelo suavemente.
- Pida perdón y espere una respuesta.

El paso final es darle a su esposo la oportunidad para responder a su confesión. Pregnútele si pudo encontrar en su corazón el perdón para usted. Usted sabrá si la verdadera restauración ha ocurrido cuando el perdón le sea otorgado y él le permita que lo toque.

Perdone a su esposo por sus errores

Cuando alguien nos ofende, esto puede convertirse en resentimiento. El resentimiento a su vez puede causar que el enojo, la amargura y la falta de perdón crezcan como un cáncer en su matrimonio. En una casa, la falta de mantenimiento y el sucio puede crecer y comenzar a causar deterioro y pudrición dentro de ella. Si no se trata, la casa puede estar bellamente remodelada pero luego se arruina por el sucio que hay dentro. Así es con el enojo sin resolver, los resentimientos y la falta de perdón. Jesús es muy claro al enseñarnos sobre la falta de perdón. El dijo: «Porque si perdonáis a los hombres sus ofensas, os perdonará también a vosotros vuestro Padre celestial; mas si no perdonáis a los hombres sus ofensas, tampoco vuestro Padre os perdonará vuestras ofensas» (Mateo 6.14-15).

El resentimiento provoca la separación automática en una relación.

Pero, ¿por qué es importante el perdón? Mi hijo menor, Michael, quien es también terapista matrimonial y familiar, ha hecho un extenso estudio en el área del perdón. El nos ha enseñado tres razones primordiales por las que el perdón es importante en la relación con su esposo. La primera razón es que somos hechos a imagen de Dios. El ser hechos a imagen de Dios conlleva un tremendo honor y responsabilidad.

Honor al saber nuestro valor innato debido a nuestra semenjanza con el Creador. Responsabilidad porque la naturaleza de Dios es perdonar.

Primera de Juan 1.9 dice: «Si confesamos nuestros pecados, él es fiel y justo para perdonar nuestros pecados, y limpiarnos de toda maldad». Si queremos procurar ser más semejantes a Cristo en cada cosa que hacemos, entonces el perdón es increíblemente importante. Si en la naturaleza de Dios no estuviera el perdón, ¿dónde estaríamos? Dios conoce el asombroso poder del perdón, y lo usa gratuitamente para limpiarnos de todos nuestros pecados.

La segunda razón por la que el perdón es importante cae en el plano del amor. El perdón es una de las únicas formas en que podemos amar como Dios ama. Cuando decidimos perdonar a alguien por hacernos daño, estamos decidiendo amarlo incondicionalmente. El escritor y moralista francés, Francois duc de La Rochefoucauld, escribió en los años 1600: «Perdonamos en la medida que amamos». Si escogemos no perdonar, estamos poniendo límites a nuestro amor por otras personas.

Tercero, el perdón es libertad para el alma. El perdón nos permite romper las ataduras del enojo, la ira, el odio y la venganza. Todos estos conducen al camino de la destrucción. Son como toxinas para el alma y el perdón es el detergente. Mucho del trabajo terapéutico se enfoca alrededor del asunto del perdón. El enojo, la ira, el odio y la venganza no permiten que podamos crecer para lograr ser los adultos maduros que Dios quiere que seamos.

Pero el perdón es importante. Si nos negamos a perdonar a los demás por sus errores, estamos decidiendo construir una pared en la relación. El enojo sin resolver destruirá la relación con su esposo. Aun más devastador es el hecho de que dificultará las futuras relaciones de su esposo, especialmente sus relaciones con Dios.

Barreras para el perdón

«¿Por qué no puedo perdonar?», es una pregunta en la mente de mucha gente «Sé que Dios quiere que perdone pero no puedo encontrar la fuerza para hacerlo».

El perdón no es una tarea fácil. De nuevo, Michael presenta los tres obstáculos principales para el perdón. El primero es la falta de responsabilidad cuando se trata de asumir nuestros errores. Si no somos capaces de ver nuestras faltas y errores, ¿cómo podríamos caminar hacia el perdón con nuestros esposos? Primero debemos reconocer que no somos perfectos y que somos capaces de herir a nuestro compañero.

Segundo, el enojo sin resolver es un gran obstáculo para el poder curativo del perdón. Si no dejamos a un lado la amargura, la ira ni el odio, nos estamos aferrando a fuerzas muy destructivas. Estas fuerzas están oposición directa al poder del perdón. La dos fuerzas no pueden existir juntas. Son muy divergentes como para que pueda existir armonía entre ellas.

Finalmente, mucha gente tiene el concepto erróneo acerca de lo que es el perdón y por eso luchan con el perdón pues están en el sendero equivocado. La ilusiones acerca del perdón son peligrosas porque no son ciertas. La verdad siempre nos hará libres, como el perdón. Pero si creemos las mentiras acerca del perdón entonces será natural que lo evitemos a toda costa, especialmente a la luz de una verdadera pena emocional. Un poderoso concepto erróneo es que debemos «¡Perdonar y olvidar!». Esto puede acercarse a lo imposible. Por suerte, nuestros cerebros no están diseñados para olvidar completamente los acontecimientos dolorosos de nuestro pasado. Alguna gente podría pensar que ésta fue una broma cruel creada por Dios, solo para atormentarnos por nuestros pecados. Pero asombrosamente es una bendición de Dios la que permite que recordemos experiencias tristes y dolorosas de nuestro pasado. Ken Hubbard una vez escribió: «Nadie puede olvidar jamás dónde enterró un hacha».

Sandi ilustró este concepto erróneo en su carta:

Asistí a una Conferencia de Mujeres de Fe en septiembre. De regreso a casa después de la sesión del viernes en la noche, una de las chicas con las que viajaba nos dijo que había escuchado una definición de perdón. Ella dijo que el verdadero perdón es cuando usted renuncia al derecho de herir a alguien por haberle herido. Cuando dijo eso pensé, *Creo que no he perdonado a mi esposo porque no creo que dejaría mi derecho de herirlo a él por haberme herido.* Pero entonces, varios días después, mientras leía un devocional, yo me dí cuenta, *No, lo he perdonado.* El libro de devocionales decía que el perdón no significa que dejemos de sentirnos dolidos. El perdón no significa que estas cosas nunca ocurrieron. Yo pensé, *Lo he perdonado. He perdonado como él hizo todo.* Le dije a mi madre esto y ella dijo que pensaba que lo había hecho. Dijo que si yo no lo hubiera perdonado no podría ser tan amable con él como lo era. Y siempre he sido muy amable con él a lo largo de nuestra separación.

Si creemos que podemos hacer a un lado nuestras heridas, solo estamos prolongando lo inevitable. Al empujar nuestras heridas a lo profundo de nuestro ser simplemente estamos esperando que ocurra la explosión; como en un volcán, el calor intenso y la presión de las ofensas pasadas aumenta, esperando ser liberada, hasta que finalmente hace erupción. Tenga cuidado, estas erupciones son extremadamente dañinas para la familia y para los amigos. Las cenizas o lava cubrirán todo a su paso. ¡Las pruebas y las experiencias dolorosas son acontecimientos que Dios puede usar en el proceso de maduración de su gente! ¿Por qué querríamos olvidar? William Meninger escribió:

El perdón, entonces, no es olvidar. No es condenar o absolver. Tampoco es pretender que no ha habido ofensa por el bien del ofensor. No es una cosa que hacemos solo por un acto brutal de la voluntad. Este no supone una pérdida de identidad, de especialidad o de prestigio. Este no libera a los ofensores de las obligaciones que pueden o no reconocer. Entender estas cosas ayudará a la gente entrar en el proceso del perdón.

Descubra tesoros dentro de su pena

Si el deseo de Dios es que no olvidemos nuestra pena o las pruebas que experimentamos, ¿cómo cosecharemos los beneficios de un acontecimiento doloroso como una separación matrimonial, divorcio, o una aventura amorosa? Hacemos esto por medio del «cazador de tesoros».

Mi vida es un edredón tejido entre mi Dios y yo,
No elijo los colores, Él trabaja constantemente,
A veces Él teje pena, y yo en tonto orgullo,
Olvido que Él ve la parte superior, y yo la parte inferior.

Hasta que el telar esté silencioso, y las lanzaderas cesen de
volar,
Dios extenderá las tiendas y nos explicará la razón.
Los hilos oscuros son tan necesarios en la mano hábil del Te-
jedor,
Como los hilos de oro y plata en el diseño que Él ha planeado.

Estos versos anónimos ilustran bellamente una de las cosas
más grandes que podemos aprender: la habilidad de encontrar el
«tesoro escondido» enterrado en cada experiencia difícil. Las
Escrituras nos aseguran que las pruebas y los momentos difíciles
no se pueden evitar. A pesar de que trabajemos tiempo extra tratando de protegernos del dolor, nunca podremos aislarnos totalmente de ser heridos por nuestras acciones o las de otros. Por
lo tanto, necesitamos aprender a hacer «limonada con los limo-
nes de la vida». En otras palabras, aprender a tomar cualquier experiencia negativa e invertir el daño volviéndolo en algo de lo
que podamos beneficiarnos, como una limonada dulce y recién
exprimida.
Cuando las pruebas invaden nuestras vidas, tenemos instrucciones de regocijarnos, sabiendo que las pruebas traen consigo
muchas cosas maravillosas. Sin embargo, no salte demasiado rápido dentro del «cazador de tesoros». Cuando primeramente no
nos afligimos, es como buscar sin un mapa un tesoro enterrado.
No podemos salir a nuestro jardín y cavar hoyo tras hoyo a menos que tengamos alguna idea de dónde comenzar. La aflicción
nos proporciona el tiempo necesario para prepararnos a encontrar el tesoro.

Preguntas acerca del «cazador de tesoros»

Como escribimos en *Bound by Honor* [Unidos por la honra], el proceso de encontrar tesoros enterrados dentro de nuestra pena comienza por contestar tres preguntas importantes.

1. *¿Qué le gusta de usted?* Esta primera pregunta no es una indulgencia narcisista, sino un ejercicio saludable de valoración personal. El objetivo es que adquiera una visión precisa de sus cualidades positivas. Por ejemplo: ¿Cuáles son sus fortalezas? ¿En qué tipo de actividades es usted buena? ¿Qué ofrece en una relación? Si no puede pensar en varias fortalezas, pregunte a un amigo, miembro de la familia, pastor, compañero de trabajo o consejero.

2. *¿Cuáles son las pruebas más dolorosas que ha pasado?* Aquí usted anota las pruebas más grandes que le han causado dolor en su vida ... especialmente las que han disminuido su autoestima o dónde se ha sentido avergonzada o culpable. Si es demasiado doloroso anotarlas todas, entonces concéntrese en dos o tres y preocúpese de las otras en otra oportunidad.

3. *¿Cuáles fueron los beneficios de cada prueba?* Anote los aspectos positivos de cada uno de estos encuentros dolorosos en su vida. Por ejemplo, las crisis tienden a hacerla más amorosa, sensible compasiva, considerada, tierna, cuidadosa, amable y paciente. Normalmente, las cosas que a usted le gustan de su persona (pregunta uno) se desarrollan como resultado directo de las pruebas. Además de sus respuestas, sería valioso hacerle la misma pregunta a sus seres queridos. Ellos a menudo pueden agregar una perspectiva a su sufrimiento que quizás usted pasó por alto.

Como parte del proceso del perdón, debemos aprender a buscar por los tesoros enterrados dentro de cada prueba. A medida que somo capaces de hacerlo, se logra transformar experiencias negativas en positivas. Sin embargo, «cazar tesoros» no es algo que hacemos por un corto tiempo, es algo que debemos continuar hasta que sintamos los resultados de las bendiciones de Dios. Esto nos ayudará a continuar viendo los beneficios mucho después de que la prueba haya terminado. La mejor parte es que tendremos prueba escrita de que los tesoros surgen de los tiempos difíciles.

Mi esposa, Norma, habló de la importancia del «cazador de tesoros» en una entrevista sobre cómo me recuperó: «Otra cosa que realmente me ayudó durante los años de distanciamiento con Gary fue llevar un diario. Escribía mis penas y mis pruebas. Por cada herida y prueba, le daba gracias al Señor. No tenía que sentirme de esa manera pero debido a la obediencia, tenía que darle gracias a Cristo por lo que mi esposo estaba haciendo. Varios años después, aprendí que si no tomo cada herida y busco un beneficio, ellas permanecerán en un nivel negativo, el nivel de la prueba, lleno de oscuridad y melancolía. Esforzarme en buscar lo «bueno» me dio esperanza.

Pasos de acción hacia el perdón

- Haga la decisión de perdonar a su esposo por sus errores y por la pena que le causó.
- Entréguele el proceso a Cristo y pídale que le proporcione la fuerza y la sabiduría necesarias para perdonarlo.
- Solicite a un grupo de intercesores o a un compañero que ore por usted y que la sostenga firme para perdonar.
- Cace tesoros en el dolor y las heridas para que pueda encontrar los tesoros enterrados dentro de cada prueba. Algunas veces un acto simbólico puede ayudar en este

proceso. Yo (Greg) he hecho que los clientes escriban en globos cada herida y dolor que alguien les ha causado. Luego les digo que salgan afuera y suelten los globos al cielo, donde pertenecen. Dios quiere cargar nuestras penas. Él envió a su Hijo a morir por nuestros pecados.

Al recuperar a su esposo, usted debe establecer límites saludables en su recién nacida relación con él. Descubramos cuáles deben ser esos límites.

Capítulo Nueve

Establezca límites saludables

Esa larga frontera (canadiense) desde el Océano Atlántico hasta el Pacífico, protegida solo por el amigable respeto y las obligaciones honorables, es un ejemplo para todo país y un patrón para el futuro del mundo.

Winston Churchill

En el último capítulo tratamos acerca de perdonar a su esposo por los errores que él ha cometido. No solo necesitamos perdonar a alguien cuando nos ha hecho daño, sino que algunas veces necesitamos colocar «límites» en nuestras relaciones para protegernos del abuso emocional, espiritual o físico. Nuestro deseo aquí es explicarle cómo controlar y reducir el impacto de los intentos de otros en robarle su felicidad. También verá cómo puede disminuir las acciones que pueden robarle a otros su felicidad.

Jill había estado casada casi tres años cuando nos escribió en busca de respuestas a sus problemas matrimoniales. Esta es su historia.

Mi esposo, Matt, tiene la capacidad de ser un hombre maravilloso y ahora parece estar en problemas con su vida. Hemos estado en consejería matrimonial por casi dos años y las cosas solo parecen empeorar.

Esta semana abrí una cuenta bancaria personal, un apartado postal y haré arreglos con todos mis acreedores para resolver los problemas que ahora enfrentamos. Mi esposo no sabe nada de esto. Desde que nos casamos, nunca llenamos las planillas para los impuestos federales pues no puedo hacer que reúna los documentos. Me aconsejaron comenzar a hacerlo yo misma pues él nos ha puesto en una situación financiera desastrosa al no pagar nuestras cuentas. Nos han cortado la electricidad y el teléfono en numerosas ocasiones. Todos las facturas llegan a su oficina, incluyendo las cuentas personales que traje al matrimonio. Le daba el dinero para pagarlsa y él lo utilizaba para otras cosas. Hace dos semanas me di cuenta que estamos casi seis meses atrasados en casi todos los pagos. Él me dijo que las cuentas habían sido pagadas.

Matt es un hombre muy listo, y puede ser muy bueno y tierno. Sin embargo, no había visto esta parte de él en varios años. Difícilmente habla con la gente y cuando lo hace, la crítica y la humillación son comunes. No se ha integrado a nuestra iglesia porque siente que ninguno de los líderes sabe lo que está haciendo y él no se someterá a eso. Yo soy la pianista de nuestra iglesia y tomo mi posición seriamente pues lo hago para el Señor. El único compañerismo que tengo es del Grupo de Alabanza y Adoración. Matt ha dejado de hablarme por completo.

Cuando salimos juntos no quiere estar cerca de mí y se va con otros si estamos en un grupo. Ya hace tiempo que la gente en la iglesia ha notado que su trato hacia mí es menos que deseable. Es rudo cuando me habla y básicamente me ignora.

Aun más, la madre de Matt ha estado viviendo con nosotros desde hace algún tiempo. Ella se irá tan pronto su empleo como maestra esté seguro. Se que esto contribuye con algunos de los problemas pues ella lo mantiene. Ella es una persona muy negativa y no me dejaría sola. Puesto que no tuve una madre mientras crecía, ella insiste en que necesito una y es extremadamente autoritaria. Trato de permanecer fuerte, pero se me hace más y más difícil.

Mi pregunta es: ¿Puede salvarse este matrimonio? Deseo que sea así porque sé que él puede ser un hombre maravilloso. Lo fue el primer año de casados, pero los dos últimos años, solo ha empeorado. Los dos creemos que Dios nos unió y cuando me casé era en las buenas o en las malas. Ahora mismo estoy en una lucha porque siento como si estuviera en una montaña rusa emocional. Creo que la oración funciona y si he aguantado un tiempo, entonces aguanto un poco más, pero solo puedo hacerlo por algún tiempo.

Jill se encuentra en una situación difícil. Ella reconoce que su esposo está luchando con varios problemas de integridad. Un problema mayor, sin embargo, es que algunos de sus conflictos ponen en riesgo a Jill. La falta de pago de los impuestos lo hacen vulnerable a la ley. Todos sabemos como piensa el gobierno acerca de cobrar su dinero. Ciertamente no se molestan en decir: «Nunca ha llenado una planilla de impuestos ... No importa ... Solo páguela cuando quiera ... mañana ... el año próximo ... cuando sea. Que tenga buen día». ¡Sí, claro! Jill podría enfrentar cargos federales y grandes multas. Otras mujeres tienen problemas de abuso físico, mental o espiritual. Aquí es donde el perdón puede tener lugar, pero más importante, debe ponerse un límite.

¿Qué es un límite emocional?

¿Alguna vez ha visto una de esa excavadoras gigantezcas? ¿Esas que pueden derribar los más robustos muros o los más fuertes edificios? Yo (Gary) tiendo a ser una excavadora humana, y nadie se afecta más de esta debilidad que mi esposa. He perdido la cuenta de cuántas veces he derribado su muro emocional. Y también, muy a menudo he permitido que otros traspasen mi «cerca».

Como escribí (Gary) en *Para que el amor no se apague*, parte de lo que he estado aprendiendo acerca de mí mismo y mis relaciones es que cada uno de nosotros tiene una «cerca imaginaria» (frontera emocional) alrededor, como una línea de propiedad, que define donde una persona comienza y termina. Esta define quién soy, con que me siento cómodo, cuáles son mis necesidades, qué es apropiado, qué es inapropiado, y qué me hace sentir seguro. Es lo mismo para todos nosotros. Parte de la infelicidad de una persona puede estar relacionada con su incapacidad para establecer un límite claro sobre dónde termina su identidad y dónde empieza la de la otra persona.

Mis sentimientos me permiten saber qué tipo de cercas tengo. Si soy amado, tengo sentimientos placenteros. Si no experimento amor, podría tener sentimientos desagradables. A menudo controlamos nuestros sentimientos basados en las límites que establecemos para nosotros mismos. En otras palabras, las demás personas no pueden controlar nuestros sentimientos. No podemos decir: «¡Usted me molesta!» No, controlamos nuestras elecciones. Podemos establecer límites sobre lo que otros nos dicen y lo que nos permitimos hacer con la información que nos dan.

Tres tipos de cercas

Una cerca saludable puede reducir el daño para usted, y permite también que tienda la mano a otros en forma amorosa y preocupada. Las cercas se necesitan para nuestra felicidad y bienestar personal. Pero alguna gente construye cercas a su alrededor que les crean infelicidad y pueden intentar robarnos nuestra felicidad. Así pues, necesitamos entenderlos y reconstruir las cercas que nos podrían guiar hacia la infelicidad. Hay tres tipos de cercas. Dos de las tres no son beneficiosas, la tercera se inclina hacia el tipo de cerca bebeficiosa. Cuando expliquemos cada una, probablemente se verá en uno de los tipos no beneficiosos de cerca. En su mente, sin embargo, continúe empujándose hacia la cerca beneficiosa. Allí es donde todos necesitamos estar si vamos a controlar nuestro nivel de felicidad.

1. *La cerca con la señal de «no pase».* Imagine una cerca con una enorme señal colgando que dice «No pase. Un aspecto importante de esta cerca es que solo tiene una agarradera en la parte interior de la entrada. La persona con este tipo de cerca sería considerada retirada o distante. Son el tipo de personas que están desconectadas de la vida, a menudo se salen de su camino para evitar contacto con otros. Pero también hay un lado de estas personas que puede ser dominante y agresivo. Esta persona tiene una profunda pena. Se cierran a todas las relaciones y por lo general esto resulta en conductas adictivas para tratar la pena.

2. *La cerca con la señal «Solo para miembros».* A los ojos de su mente, visualice una cerca con una señal colgando de una estaca,

que dice, «Solo para miembros». Esta persona siente que todos los demás tienen un mejor control de las situaciones, produciendo un comportamiento tipo codependiente hacia los demás. Esta clase de persona trae a la familia entera dentro de su cerca. Su esposo está allí, junto con todos los niños, pero generalmente es hasta ahí. Nadie más es permitido dentro y, por supuesto, allí no hay tirador en la parte exterior de la entrada. La vida de esta persona está completamente inmersa en la vida de las personas cercanas a ella ... generalmente la familia. El problema aquí es simple: No hay un sentido claro de identidad personal. Las cercas con compartidas. Su cerca es también la cerca de usted. No es: «Tengo un problema». En su lugar es: «Tenemos un problema». Cualquier cosa que lo moleste a él molesta a todos a su alrededor. Encuentran su identidad con quien sea que estén.

Estas primeras dos cercas son menos beneficiosas en naturaleza, mientras que esta última cerca refleja beneficio positivo. Veamos.

3. *La cerca con la señal «Bienvenido»*. Esta cerca tiene una entrada con tiradores en ambos lados, y una señal de «Bienvenido» colgando al frente. Promueve el compartir y la verdadera intimidad. Esta persona sabe dónde él o ella termina y otra empieza. Este concepto ha sido de más ayuda para mí en mi matrimonio que cualquier otro principio en los últimos diez años. Soy un hombre diferente en mi matrimonio, cambiado para mejor. Por ejemplo, he aprendido a tocar a la puerta de entrada de mi esposa en lugar de tumbarla con mi excavadora como lo hacía en el pasado. Cuando toco, le pregunto a mi esposa: «¿Puedo entrar y conversar?» Y ella tiene la libertad de decir «sí» o «no». También he aprendido a aceptar su respuesta. Si dice: «No. Hablemos más tarde», sé que es lo mejor y espero el momento propicio.

Recuerde, si queremos experimentar satisfacción personal debemos tomar el cien por ciento del control en nuestras vidas, incluyendo cómo respondemos a los demás. Puede resumir esto en dos observaciones muy importantes que contribuyen a nuestro nivel de felicidad en la vida. Las llamo los dos lados de una puerta saludable. Una observación tiene que ver con los demás, la segunda tiene que ver con usted. Ambas deben considerarse para experimentar felicidad personal.

1. Siempre habrá gente que quiera meterse en «su cerca» sin su consentimiento.
2. Somos responsables de construir nuestra cerca y amorosamente decirle a la gente dónde comienza nuestra línea de propiedad y dónde termina, basados en nuestras necesidades y sentimientos.

Jill aprendió de primera mano que muchos maridos son expertos en traspasar las cercas emocionales. Sin embargo, Jill es también cien por ciento responsable de establecer su línea de propiedad emocional. Como ella dijo al principio de su historia, Jill ha actuado sobre esa responsabilidad al abrir una cuenta bancaria personal, comprar un apartado postal y planear arreglos con sus acreedores para resolver el problema. También podría necesitar establecer límites adicionales con su esposo con respecto a futuros problemas financieros y sobre cuánto tiempo su suegra puede quedarse en su casa.

Establecer límites puede ser extremadamente difícil para algunos tipos de personas. Damos una sesión de personalidad en nuestro seminario mensual. Dividimos a las personas en cuatro categorías y nombramos estas categorías de acuerdo a cuatro animales (león, nutria, castor, perro). La personalidad tipo «perro» típicamente tiene dificultad en establecer límites personales. Estas personas usualmente son cálidas y se relacionan, son excelentes oyentes, disfrutan la rutina, tienen sentimientos sensitivos, son forjadores de paz, son extremadamente leales, y tienen gran necesidad de seguridad y un ambiente agradable. Su más grande desafío es aprender a decir no (establecer límites) y aprender a enfrentar a los demás cuando son heridos emocionalmente.

Sin importar su tipo de personalidad o situación, es muy importante tener un entendimiento realista de dónde están sus límites personales en la relación con su esposo. La animamos para a discutir con algunos amigos, intercesores, consejeros, guías, o un compañero sobre el establecimiento de límites. Por ejemplo, si sufre cualquier forma de abuso físico, su seguridad es la preocupación primaria. Antes de que pueda hacer cualquier intento para recuperar a su esposo, él debe obtener ayuda profesional para controlar su enojo. Algunos estudios han demostrado que los programas de intervención en grupo pueden ser efectivos para tratar a los perpetradores de abuso doméstico. Aun más, si su esposo está abusando física o sexualmente de usted o sus hijos, entonces debe protegerse. Llame a la policía, váyase a casa de un familiar, amigo, pastor, compañero de trabajo, o bajo la protección de algún programa, pero saque a su familia de la situación de abuso. Otros tipos de problemas de límites a considerar incluyen:

- Relaciones sexuales con el esposo mientras están separados o divorciados
- Llamadas telefónicas.
- Escribir cartas.
- Salir con otras personas.

- Conversaciones emocionalmente abusivas.
- Arreglos financieros para usted y los niños.
- Propiedades personales.
- Arreglos para vivir.

Ahora que ha comenzado el proceso de establecer límites emocionales y físicos con su esposo, es hora de hablar sobre el asunto de la comunicación. Recuperar a su esposo requiere que ambos, usted y su esposo se comuniquen efectiva y positivamente uno con el otro. Si el compromiso y la dedicación están presentes, entonces es hora de comenzar a comunicar sus sentimientos y acciones.

Capítulo
Diez

¡Comuníquese!

El que ahorra sus palabras tiene sabiduría; de espíritu prudente
es el hombre entendido.

Proverbios 17.27

Después de llevar vidas separadas, un ejecutivo de negocios
retirado y su esposa descubrieron una dolorosa realidad.
Sentados una tarde en casa, la pareja llamó a algunos amigos para
saber qué estaban haciendo.

—¡Ah! —dijo la otra esposa—, estamos conversando y tomando té.

La esposa del ejecutivo colgó el teléfono.

—¿Por qué no hacemos eso? —Ella preguntó—. Ellos están
tomando té y conversando».

—Bueno —dijo el ejecutivo—, prepara té para nosotros.
Pronto estuvieron sentados con su té recién hecho, mirándose
uno al otro.

—Llámalos de nuevo —dijo él—, ¡y pregúntales sobre qué están hablando!

Como la pareja descubrió, una relación será tan buena como lo sea su comunicación.

Cada vez que Sarah se enojaba, desahogaba su cólera sobre su esposo Larry. Desde el principio de su matrimonio, Larry escuchaba en silencio y rara vez reaccionaba. Sin embargo, comenzó a retirarse emocionalmente de la intimidad en su relación marital, y comenzó a trabajar tarde y a encontrar excusas para salir con amigos después del trabajo y los fines de semana. Larry simplemente no podía manejar todas las emociones negativas que Sarah vaciaba sobre él.

No se estaban comunicando. La comunicación es un diálogo de dos vías donde ambos compañeros comparten y escuchan. En el matrimonio de Sarah y Larry, el diálogo se había desintegrado en un monólogo de Sarah abrumando a Larry con palabras y emociones. Cuando él se retiró, ella se volvió anoréxica y bulímica. Durante seis semanas, Sarah luchó en un hospital siquiátrico para superar sus desordenes alimenticios. Mientras ella estaba en el hospital, Larry fue con algunos amigos a una reunión de Cumplidores de Promesas. Allí renovó su compromiso con Dios y su matrimonio.

Sarah y Larry decidieron ir a un consejero cristiano y trabajar en su relación matrimonial. A pesar de que Larry estaba comprometido con el matrimonio, no podía tolerar más que Sarah vaciara sobre él todos sus sentimientos negativos. El consejero les ayudó a practicar una importante destreza en la comunicación: escucharse uno al otro.

Sarah admitió que hablaba demasiado y nunca escuchaba a Larry. Entonces, cada día pasaban treinta minutos juntos para compartir y escuchar. Para comenzar su tiempo juntos, cada día,

Larry, no Sarah, hablaría durante quince minutos mientras Sarah escuchaba. Ella no diría una sola palabra en respuesta a lo que él dijera. Sarah se cuidó de no responder defensiva o negativamente, solo escuchó.

A veces sollozaba o quizás lloraba de coraje. Pero continuó escuchando. Lentamente Sarah y Larry aprendieron cómo escucharse uno al otro, comunicarse positivamente y reconstruir su relación.

Sarah también aprendió a decargar su cólera y sentimientos negativos en la cruz y no sobre Larry. Nos contó: «Puedo ver la cruz donde descargo toda mi basura. Cuando hago eso dentro de las cuarenta y ocho horas de algún incidente negativo, me convierto en una persona totalmente diferente para que Larry pueda hablar dentro de nuestro matrimonio». ¡Para recuperar a su esposo, la comunicación positiva es esencial!

Comunicación que puede causar más distancia

Regresemos a la casa que estamos renovando. Imagine tener la casa renovada por completo pero sin electricidad o líneas telefónicas. La casa puede verse muy bien pero ningún equipo funcionaría. Esto convertiría la casa virtualmente en inhabitable. De igual manera, puede hacer todas las cosas que hemos discutido hasta este punto y aún no estar acercándose como pareja porque su comunicación no es efectiva.

La mayoría de las esposas pueden de inmediato identificar todas las cosas que sus esposos están haciendo mal, pero es más difícil reconocer lo que ellas están haciendo mal. A menudo tenemos dificultad en reconocer nuestros defectos. Ahora es tiempo de identificar lo que puede estar haciendo o diciendo para causar más distancia entre usted y su esposo.

1. *Abrumar a su esposo con problemas después del trabajo.*
Después de tratar con situaciones de trabajo, usted solo logrará abrumar a su esposo con problemas domésticos y maritales cuando acaba de llegar. Descargar todos sus problemas sobre él solo alejarán a su esposo.

Si continuamente llega a casa pensando que los conflictos lo ahogarán al instante de abrir la puerta, en algún momento comenzará a llegar tarde a casa o no vendrá del todo. Esto debido a que los hombres odian llegar a casa e inmediatamente tener que resolver problemas. Añadidos a los problemas del trabajo, los de la casa simplemente producen una sobrecarga. El instinto natural es pelear o huir. Después de suficiente pelea, él huirá del matrimonio.

2. *Demasiadas palabras.* Quizás esté matando su matrimonio. Cuando solo una oración o frase podrían ser suficiente para comunicar, quizás esté descargando un párrafo o un ensayo. Hablar todo el tiempo de sus problemas enfoca su atención y la de su esposo en lo negativo de su matrimonio en lugar de lo positivo.

Las palabras correctas en un matrimonio pueden facilitar grandemente la comunicación.

- Las palabras saladas provocan sed en su esposo para escuchar.
- Las palabras que afirman motivan a su esposo a escuchar.
- Las palabras de aceptación invitan a su esposo a compartir.
- Las palabras de perdón liberan a su esposo para admitir el fracaso.

Pero las palabras equivocadas en un matrimonio, o demasiadas de ellas, pueden obstruir la comunicación y esposo tanto emocional como físicamente.

- Las palabras que culpan y acusan hacen a un esposo ponerse a la defensiva.
- Las palabras excesivas saturan con cargas y abatimiento.
- Las palabras que continuamente analizan o explican obligan al esposo a convertirse en un cliente de consejería en lugar de compañero.
- Las palabras que tratan de espiritualizar su situación proyectan una actitud de superioridad espiritual o condenación.

Asegúrese de que su comunicación es un diálogo, no un monólogo. Trate de escuchar más que hablar. Santiago dio un buen consejo en relación a esto: «Por esto, mis amados hermanos, todo hombre sea pronto para oír, tardo para hablar, tardo para airarse; porque la ira del hombre no obra la justicia de Dios» (Santiago 1.19-20).

3. Sin reglas para pelear. Cuando ambos necesitan discutir sobre problemas pasajeros y no pelean limpiamente, entonces se levantan barreras que obstaculizan la comunicación entre ustedes. Si hay conflicto pero no hay reglas en su relación, entonces las razones para su conflicto pueden ser:

- Uno de ustedes está tratando de ejercer poder y control en la relación.
- Uno de ustedes se siente inseguro.
- Los dos tienen diferencias en valores.
- Compiten uno con el otro.
- Existen diferencias personales en la relación.

- Hay sentimientos mal interpretados y necesidades no satisfechas en su matrimonio.

Cuando ataca a su esposo, sin respeto por sus sentimientos, está peleando sin reglas. Los conflictos pueden convertirse en una puerta para la intimidad si nos valoramos más que querer ganar. La regla básica de un conflicto debe ser «todos ganan». Esta regla significa que los dos, usted y su esposo, seguirán trabajando en una solución al conflicto hasta que ambos se sientan bien acerca de la resolución.

Marque las «Reglas para pelear» que no sigue y que necesita comenzar a observar:

- ❑ Aclarar cuál es el verdadero conflicto.
- ❑ Apégarse al problema actual.
- ❑ Mantener un contacto físico tierno, como tomarse de las manos.
- ❑ Evitar el sarcasmo.
- ❑ Evitar afirmaciones «suyas».
- ❑ No usar «afirmaciones histéricas» que exageran o generalizan.
- ❑ Resolver cualquier sentimiento herido antes de continuar la discusión sobre el conflicto.
- ❑ No llamar por nombre.
- ❑ Evitar acciones de poder o frases como «me rindo» o me estás matando».
- ❑ No use el silencio.
- ❑ Guarde sus argumentos tan privados como le sea posible.
- ❑ Repita o parafrasee lo que piensa que la otra persona está diciendo.

❏ Resuelva sus conflictos con una solución ganador-ganador.
❏ Esfuércese por reflejar honra y respeto por su compañero.

4. *Proyección de la culpa.* Es importante que tome responsabilidad de sus sentimientos, acciones y palabras. Otra regla básica en la solución de conflictos es hablar por usted y responsabilizarse por sus sentimientos, actitudes, y acciones. Niéguese a proyectar culpa al decir frases como «me haces sentir ...» o «estás equivocado al decir o hacer ...» Estas frases cierran la puerta en la comunicación. Otros portazos son el sarcasmo, la negación y la falta de respeto. Los abre-puertas para ambos son la bondad, el respeto y la calma.

5. *Uso de una comunicación áspera.* Esto sucede cuando usamos etiquetas o recurrimos a llamar por el nombre en una relación. Las humillaciones inmediatamente distancian a los esposos. Usar la blasfemia o maldecir también impulsa a nuestro compañero a alejarse.

La comunicación ruda e indirecta es muy dañina para su relación matrimonial. Cuando habla con rudeza acerca de su compañero con su familia, parientes o amigos, incrementa la posibilidad de que alguien más se disguste con su compañero. Mientras más gente esté involucrada con sus sentimientos de enojo, mayor distanciamiento creará, no solo entre y su esposo sino también entre otros y él. Si no puede hablar positivamente acerca de su compañero con los demás, entonces mantenga un benebolente silencio.

A.W. Tozer, en su libro *Five vows for spiritual power*) [Cinco votos para el poder espiritual], nos urge a que prometamos «nunca trasnmitir ninguna cosa acerca de alguien que lo pueda herir».[1] Mucho después de que ha perdonado a su compañero por algo que le hizo para herirla, su comunicación áspera con otros acerca de él pueden continuar produciendo amargura en ellos y convertirse en un constante recordatorio para usted del dolor pasado.

Formas para comunicarse efectivamente

Puede mantener su comunicación en un nivel eficaz a través del **EECR**: Escuchar, Entender, Confirmar y Responder. Planifique hacer esto unilateralmente puesto que su esposo puede que aún no esté abierto a la comunicación positiva. Está estableciendo un canal de comunicación y las reglas para pelear.

- *Escuchar*. Al escucharlo le comunica que es una persona que vale y que lo que dice es importante.
- *Entender*. Quizás deba parafrasear lo que le escucha decir para así entender claramente lo que él ha dicho: «Lo que acabo de escucharte decir es ...»
- *Confirmar*. Entonces él puede verificar o corregir hasta que diga y usted escuche exactamente lo que él quiere decir. Puede afirmarlo al entender lo que está comunicando y valorar la comunicación.
- *Responder*. En este punto, puede decidir cómo responder a lo que su esposo ha dicho.

La comunicación no es una guerra donde uno de los esposos trata de vencer o poner barreras al otro hasta que uno gana y el otro pierde. La comunicación es un entendimiento y una afirmación mutua.

También recuerde que mucha de la comunicación no es verbal. No es lo que dice, sino cómo lo dice: expresiones faciales, tono de voz y el lenguaje corporal. El resultado final de la comunicación tiene que ser ganar-ganar en el cual ambos se sienten comprendidos y aceptados, aún si existe un desacuerdo u opiniones diferentes.

Si tienen dificultades para comunicarse entre sí, necesitará intentar formas aparte de la comunicación cara a cara.

La técnica de escuchar como cuando compra desde el auto en restaurante de comida rápida la ayuda a permanecer enfocada y centrada en su comunicación. Este es el método de *compre sin bajarse del carro*. Imagínese ordenando en la ventanilla de un McDonald. Mientras mira el menú, una voz desde el parlante dice:

—¿Qué puedo servirle?

—Quiero una hamburguesa de queso, papas, y una Coca Cola grande —dice muy seguro.

Después de un corto silencio, la voz repite:

—Quiere una hamburguesa, papas y una Coca Cola dietética grande?

—¡No! —grita en dirección al parlante—, «¡Una hamburguesa de queso, papas y una Coca Cola grande!

—Lo siento —dice el parlante—, Usted quiere una hamburguesa con queso, papas y una Coca Cola grande. ¿Es todo?

—Sí —confirma.

—Son $2.99. Que tenga buen día.

Este es un buen ejemplo de comunicación efectiva que debería existir en el matrimonio. Cuando quiere que su compañero entienda con claridad y exactitud su «pedido» debería utilizar la técnica de escuchar tipo «compra desde el auto». Uno de ustedes se convierte en el cliente y el otro en el empleado. Como cliente, primero explica sus sentimientos o necesidades al usar la frase «siento», que es muy diferente a decir «tú me haces sentir». El mensaje «siento» le permite tomar cién porciento de responsabilidad por sus sentimientos y frases. También es de ayuda el usar frases cortas para que su esposo pueda repetir precisamente lo que le está comunicando.

Después, su compañero repite lo que escucha. Entonces necesita «editar» su interpretación. Después de corregir cualquier mal entendido, su esposo continúa repitiendo sus frases hasta que siente que sus necesidades y sentimientos han sido entendidos.

Una vez que haya terminado de comunicar, cambie de lugar. Ahora su esposo es el cliente y usted será el empleado. Él entonces presenta su pedido al explicar sus sentimientos y necesidades. Su labor es repetir lo que escucha que él comunica hasta que él esté satisfecho. Esta secuencia continúa hasta que cada uno se sienta escuchado y entendido. La belleza de este método es que permite que el EECR pueda aplicarse: escuchar, entender, confirmar y responder. He aquí por qué. Para poder repetir con exactitud dice la otra persona, tiene que escuchar con cuidado. Escuchar y repetir llevan a una persona a entender a la otra. Esta a su vez, es la esencia de la confirmación. Confirma a alguien al dejarlo saber que lo escucha y lo entiende. La confirmación no significa «estar de acuerdo» con lo que la otra persona dice. En su lugar, la confirmación envía el mensaje, «desde tu punto de vista puedo ver cómo te sientes o piensas al respecto».

Al usar esta técnica, es importante recordar que el enfoque no es crear soluciones. En su lugar, el objetivo es entender los sentimientos y necesidades de cada uno. Puede buscar soluciones después de que toda la «orden» esté completa o más adelante.

Sarah y Larry se sorprendieron hablando sobre la manera en que fallaron en afirmarse uno al otro cuando conversaban. Primeramente, culpaban al otro por herir sus sentimientos. Sarah decía, «Me enojas cuando no pasas algún tiempo conversando conmigo». Larry le respondía, «Tú me frustras cuando vacías tus enojos sobre mí y nunca escuchas lo que digo». Note como ambos compañeros proyectaban culpa y no tomaban la responsabilidad de sus sentimientos y acciones. Presentemos nuevamente este intercambio con el método de escuchar «sin bajarse del carro».

«Cuando no pasamos tiempo juntos, me siento enojada y herida», dice Sarah.

Larry repite la esencia de lo que escuchó decir a Sarah: «Te escucho decir que estás enojada y herida porque no pasamos tiempo juntos». Entonces Sarah tiene la oportunidad para corregir cualquier mala comunicación. «Correcto», ella confirma. Siguen así hasta que Sarah expresa a Larry necesidades y sentimientos respecto a este asunto. Apéguese a un solo tema a la vez.

En el turno de Larry como «cliente» él podría decir: « Disfruto compartir tiempo hablando contigo cuando nos enfocamos en cosas positivas». Después, Sarah repite: «Escucho que dices que cuando nos enfocamos en lo positivo, disfrutas hablar conmigo». Larry confirma que ella lo escuchó: «exactamente». Sarah no se defiende, ni añade o menosprecia lo que Larry dijo. El que «escucha» simplemente repite lo escuchado, intentando verdaderamente entender a la otra persona.

Note que en este diálogo cada persona usó mensajes de «Yo» en vez de mensajes de «tú», los cuales tienden a proyectar culpa. Ambos compartieron hechos personales sin juzgar los sentimientos y conducta del otro. Se trataron con honor y respeto. Esto es «escuchar sin bajarse del carro».

Necesita asumir completa responsabilidad para escuchar de esta manera. Está diciendo lo que siente y solicitando entendimiento, no acuerdo o discusión. Esta es comunicación fundamental que transmite directamente hechos sin carga adicional.

Otra forma efectiva de comunicarse es a través de *«cartas»*. Este método puede transmitir sus pensamientos y sentimientos mientras le da tiempo de pensar sobre lo que está diciendo y cómo quiere decirlo. Puede entonces leer lo que ha escrito y si es necesario cambiar lo que ha dicho para que se comunique tan claro como sea posible.

Cuando su esposo lea lo que escribió, tiene tiempo de absorber lo que dice, sin necesidad de tener que responder de inmediato. Escribir de cartas también evita aspectos no verbales de la comunicación. Este puede ser un problema para los dos, especialmente si ciertos hábitos no verbales los están irritando.

El último método de comunicación se llama *«todo lo que pueda comer»*. Esta es una comunicación positiva en la cual «sirve» toda la afirmación que pueda durante sesenta segundos. Para su esposo, esto puede ser abrumador. Invierta tiempo elogiándolo y haciendo depósitos, en lugar de hacer extracciones de su cuenta emocional. Las extracciones son las críticas y comentarios negativos. Los depósitos son los elogios y frases afirmativas, las cuales solo requieron que la otra persona escuche.

Consejos para cuando se vean uno al otro

Cuando se ven uno al otro, es importante que esos encuentros cara-a-cara sean constructivos. He aquí algunas preguntas importantes y consejos para considerar en esos encuentros.

¿Cómo puedo fomentar confianza en mi esposo? Su esposo necesita saber que no está actuando sino comunicando verdaderamente sus genuinos sentimientos. Además, necesita tener confianza en él. La confianza toma tiempo y paciencia. Esta no puede reconstruirse de la noche a la mañana. Así pues, no espere que los primeros encuentros sean desbordantes de confianza.

Ambos necesitarán ver cambios mutuos a lo largo de un período de tiempo. La confianza se construye sobre las palabras transparentes y consecuentes y con acciones que encierren verdad y guarden promesas.

¿Cómo puedo alentar a mi esposo a aceptar mi influencia?

Un esposo nos dijo acerca de su esposa: «Observé su trayectoria. Obviamente era más comunicativa de lo que yo era. Mientras más tiempo estabamos juntos mejor nos comunicábamos. No quería que me dijera lo que ella iba a hacer. Yo realmente tenía que ver esto funcionar. Lo que ella dijo estaba funcionando así que finalmente deje de retrasar mi agenda y comencé a trabajar con ella». Permita que su vida se llene de frutos espirituales. Cuando su esposo ve los buenos frutos de sus pensamientos y comportamiento, entonces puede decidir si acepta o no su influencia.

¿Cómo puedo alcanzar el punto donde su respuesta no determina mis acciones? No está reaccionando a él sino está obedeciendo la guía de Dios en su vida y en su matrimonio. Recuperar a su esposo no comienza con sus reacciones pero sí con sus acciones obedientes a la guía del Espíritu.

Su esposo es una asignatura que necesita ser estudiada. ¿Está preparada para convertirse en estudiante de su esposo?

Capítulo
Once

Conviértase en una estudiante de su esposo

Aunque los matrimonios sean hechos en el cielo, el hombre tiene que ser responsable de su conservación.

Kroehler News

Nos encanta esta cita porque el mensaje es que aunque Dios es el autor de nuestro matrimonio, aun así necesitamos cuidar activamente nuestra relación. Una de las mejores formas de «mantener» nuestra relación matrimonial es aprender acerca de las necesidades relacionales más importantes de nuestro esposo.

Hace varios años, Katty compartió lo importante que es convertirse en una estudiante de su esposo.

Crecer en Mississippi significaba que cuando uno se casaba permanecía casado. Si mi papá estuviera vivo, tendría casi treinta y cuatro años de casado. Así pues, resulta muy penoso cuando le digo a la gente que mi primer matrimonio duró seis meses. Básicamente, Dios hizo todo para no permitir que me casara con este hombre. Pero aun así yo seguí mi propio deseo. Todo el mundo dice que Dios no bendijo nuestra unión o que Él no quería que ocurriera. En mi opinión, están culpando a Dios. No culpemos a Dios. Dios hizo todo lo posible para decirme que este no era el hombre correcto. Pero Él nos da libertad de decisión. Si nos equivocamos, no es su culpa.

Recuerdo estar sentada en un estacionamiento un día después descubrir que mi primer esposo tenía un romance y lloraba: «Señor no sé qué hacer pero necesito una respuesta sobre si debo dejarlo o permanecer en el matrimonio». Fue casi como una paz instantánea.

Tenía que saber cómo se sentía la paz porque esto sucedió también en mi segundo matrimonio. Otro romance. Estaba devastada. Pero esta vez Dios no me dio paz para divorciarme de mi segundo esposo, Mark. En lugar de esto, Cristo me dijo que yo no era la mujer que Él quería que fuera. Más bien usó estas circunstancias para enseñarme una valiosa lección acerca de encontrar las necesidades de mi esposo. Yo estaba herida pero Dios me movió de estar ofendida y dolida a decirme lo que Él quería que hiciera y lo que Él quería que fuera.

Mirando atrás, un problema con el que luchaba fue que en lugar de apoyarme en Dios para llenar mis necesidades, le peleaba a Mark porque él no estaba llenando mis necesidades. En realidad, nuestros esposos no pueden llenar todas nuestras necesidades emocionales. Les digo a las mujeres todo el tiempo que están pidiendo que sus esposos sean sus perfectos portadores de cargas, el tipo de persona reparador-superior. Ellos no lo son, son solo hombres.

En otras palabras, las mujeres podemos pensar que los esposos son supuestamente nuestros protectores, nuestros amantes, nuestros amigos, y que se supone deben arreglar todo lo que nos sucede. Cuando Mark no vivió de acuerdo a estas expectativas, lo denigré. Otro problema es que la tendencia de mi personalidad es ser líder y la de Mark es ser seguidor. Esto causaba mucha tensión en nuestra relación cuando él intentaba ser la cabeza de la familia. Como resultado, dejé de satisfacer sus importantes necesidades de relación y él dejó de satisfacer las mías.

Esto progresó hasta que aprendí, de la forma más dura, que si no estoy atendiendo esas necesidades habría alguien que lo haría. Básicamente esto fue lo que sucedió. Después que descubrí que Mark tenía un romance, recuerdo que lloraba y pensaba. *¿Qué voy a hacer?* Regresé a mi habitación y leí la Biblia para ver qué decía acerca de los romances. Pienso que buscaba una salida diciendo: «Bien, esto es lo que Dios dice acerca del adulterio». Pero Dios dijo que no estaba bien divorciarme de Mark. De verdad creo que Dios no me iba a liberar de mi matrimonio pues habían algunas cosas que yo necesitaba arreglar. Mark era solo parte del problema.

Tomó aproximadamente seis meses. Después del romance, aprendí a perdonar y el significado del amor incondicional. También comencé a entender y atender las necesidades relacionales de Mark. Y vice versa. Por ejemplo, cuando me ponía el creyón de labios en la mañana, se irritaba porque no podía darme un beso de despedida. Él es una persona afectuosa. Entonces comencé a besarlo antes de ponerme el lápiz labial. Eso fue bien sencillo. Pero en un nivel más profundo esto le comunicaba a Mark que sus necesidades eran importantes.

El tremendo valor de un hombre

Kathy se dio cuenta que para lograr recuperar a Mark, tenía que reconocer su enorme valor como hombre y cómo atender sus necesidades. ¿Cuál es el valor de un hombre? Echemos un vistazo.

Estamos convencidos que la mayoría de los hombres están deseosos de dar pasos para construir una relación amorosa y duradera. El problema es que el hombre promedio no sabe intuitivamente cómo hacer esto. Por otra parte, parece que Dios equipó a la mujer desde su nacimiento con importantes habilidades que el hombre tiende a no tener. En otras palabras, una mujer parece poseer un «manual para construir el matrimonio». En parte, esa es la razón del título especial que ella tiene como el «complemento» y «la ayuda».

Cuando pensamos en remodelar una casa, necesitamos herramientas adecuadas. No usaría herramientas de jardinería para hacer carpintería o papel de recubrir paredes si va a pintar. De igual manera, su esposo viene con menos herramientas en su caja de herramientas emocional que usted. En el campo emocional, las esposas vienen con un entendimiento algebraico de las emociones mientras que los esposos funcionan en un nivel de adición y substracción.

Si tuviera que construir una adición a su casa, será muy difícil hacer su construcción con herramientas manuales en vez de herramientas eléctricas. Igualmente, su esposo está trabajando con habilidades de relación muy rudimentarias comparadas con las que usted tiene en su caja de destrezas emocionales.

Lynnda y William llegaron en busca de consejería. Al evaluar la visión emocional que cada uno tenía para su matrimonio, yo (Gary) pregunté: «Dígame dónde ve a su familia».

William dijo: «Sabe, al final del *Sonido del Silencio* donde están cantando y bailando por los montes. Están todos muy contentos y el cielo es azul. Eso describe nuestro matrimonio».

Lynnda me miró aturdida. Entonces le pregunté: «¿Dónde ve a su familia?»

«Está muy frío y oscuro. Estamos perdidos entre los árboles, hay grandes montes y espesuras y todos estamos cortados por las zarzas. El sol se está ocultando y cada vez que vemos una claridad y pensamos que estamos fuera, aparece otro monte y maleza», contestó Lynnda.

Las niñas pequeñas a menudo son criadas para asumir que los muchachos entienden las emociones y relaciones tanto como ellas lo hacen. Obviamente, William y Lynnda habían chocado contra la pared del mal entendido y la mala comunicación. William no entendía las profundas y dolorosas emociones de Lynnda. Él no tenía las herramientas para comenzar a reconstruir una relación con su esposa.

Algunas mujeres, sin embargo, usan su agudeza natural en las relaciones como munición para aplastar al hombre y su lugar en el hogar. Algunos hombres incluso han leído algunos de mis libros anteriores y han pensado que yo (Gary) he pasado a las filas de los que atacan a los hombres. Sin embargo, nos gustaría explicar bien los cosas. A pesar de que un hombre generalmente no hable tantas palabras o quizás no sea tan sensible como una mujer, no es menos capaz de ser un gran amante en el hogar. Veamos dos muy importantes razones por las que el hombre tiene un valor tan tremendo

1. *El hombre tiene una habilidad natural para hacer la decisión objetiva y lógica de amar a otros.* Aunque no lo crea, Dios ha puesto dentro de cada hombre la habilidad natural para ser el líder amoroso que su familia necesita. Decir que Dios ha designado un hombre para ser el amante en una casa puede sonarle algo extraño. Después de todo, hablamos de la naturaleza de los hombres, conquistadora, lógica y basada en los hechos, pero esa

misma naturaleza es la base de nuestra convicción. ¿Por qué? Porque la clase de amor que perdura, la clase que puede crecer y florecer separado de los sentimientos, es la que proviene de una decisión. En otras palabras, el amor, desnudo hasta lo más profundo, es justamente eso, una decisión objetiva que no debe depender de nuestros sentimientos. Un esposo tiene la habilidad natural para hacer la decisión de amar a su esposa y a su familia. Los hombres tienen una capacidad increíble para desligarse de las emociones dolorosas en las dificultades de la relación y hacer la decisión de amar y cuidar. Esto no significa que un hombre hará esto, pero queremos reconocer que tienen una capacidad natural, una capacidad inherente, hacia esta clase de decisión.

2. *Las diferencias de género en los hombres agregan valor a la relación.* Los hombres y mujeres tienen diferencias básicas de género, pero no las que nuestra cultura propone. Muchos comentaristas culturales miran la personalidad humana y mantienen que el hombre tiene el alma compuesta por una mente y voluntad mientras que el alma femenina tiene emociones y voluntad. Esto no es lo que Dios revela.

Ambos, hombres y mujeres son creados completos con cuerpo, alma y espíritu. «Y el mismo Dios de paz os santifique por completo; y todo vuestro ser, espíritu, alma y cuerpo, sea guardado irreprensible para la venida de nuestro Señor Jesucristo» (1 Tesalonicenses 5.23). Pablo escribió estas palabras acerca de hombres y mujeres por igual quienes fueron creados completos en Cristo Jesús.

En *For better or for best* [Para mejor o para lo mejor], yo (Gary) examiné algunas de las diferencias entre hombres y mujeres. Para nuestros propósitos aquí, queremos compartir con usted algunas cualidades básicas de los hombres que son importantes para que entienda mientras avanza hacia la recuperación de su esposo.

Podría pensar de estas cualidades como los materiales apropiados para reconstruir o decorar una casa. Hay ciertos materiales que usaría en una cocina o baño que no serían necesarios en un dormitorio o cuarto de estudio. Esperar que un cuarto de estudio o un dormitorio tengan una bañadera o una ducha, sería irreal. De la misma forma, esperar que los hombres tengan ciertas características sería irreal también. Aquí hay una prueba de cierto/falso. Estas frases son usualmente ciertas o falsas para los hombres. Haga la prueba y veamos cómo lo hace.

Escriba C para verdadero o F para falso

Los hombres usualmente ...

___ se preocupan más por las cosas prácticas que las mujeres.

___ son capaces de mantener su identidad al no mezclarse con otra gente y sus situaciones.

___ son capaces de deducir rápida y lógicamente y adaptarse a un cambio.

___ tienen un metabolismo más rápido que la mujer.

___ se estimulan sexualmente por la vista.

___ son menos sensibles a sentimientos y relaciones complejas que las mujeres.

___ se preocupan por la utilidad práctica y concreta, resolver problemas y hacer decisiones.

___ son capaces de desligarse de lo que les rodea, pero a menudo se identifican más con el trabajo.

Todas estas frases son ciertas. Entender las diferencias entre los hombres y las mujeres puede ayudarle a reducir la distancia en su relación. También es importante saber que la mayoría de los hombres no fueron educados para entender el lenguaje emocional de una relación. Ellos responden menos al contacto físico. Aun cuando son bebés, los hombres son cargados con menos frecuencia que las niñas. Puede ser que su esposo se sienta mal entendido y que no pueda entender las realidades básicas de su personalidad y femininidad.

El contexto masculino es ser quien resuelve problemas y hace decisiones; mientras el contexto femenino es ser quien cuida y desarrolla intimidad. Cuando afirma el valor del contexto masculino de su esposo, aumenta sus oportunidades de acercarse más uno al otro.

¿Qué le priva de entender el valor de su esposo?

Ahora que hemos mirado el tremendo valor de un hombre, volvamos nuestra atención hacia cuatro cosas específicas que podría estar haciendo y que interfieren con su habilidad para reconocer y recoger los beneficios de los valores naturales de su esposo. Cuando esto ocurre, puede causar distancia en su relación.

1. *Tratar de controlarlo y manipularlo.* Lisa Brevere escribió un libro titulado *Out of control and loving it* [Perdí del control y me encanta] ¿No es un gran título? Ella llegó a la conclusión que ella tenía que entregar el control de su vida y su deseo de controlar a otros al Señor. ¿Está dispuesta a orar de la siguiente manera? «Me rindo. Señor, el control es tuyo y yo soy tuya».

Pablo nos insta en Romanos 12.1-2

Así que, hermanos, os ruego por las misericordias de Dios, que presentéis vuestros cuerpos en sacrificio vivo, santo, agradable a Dios, que es vuestro culto racional. No os conforméis a este siglo, sino transformaos por medio de la renovación de vuestro entendimiento, para que comprobéis cuál sea la buena voluntad de Dios, agradable y perfecta.

El principio en este pasaje es control. ¿Entregaría el control de su cuerpo y mente a Cristo?

La manipulación busca forzar a otros para hacer lo que usted quiere, no lo que Dios quiere. La manipulación trata de resolver sus necesidades a expensas de otros. La verdadera entrega es liberar a otros al control de Dios. Puede influir en su esposo con su comportamiento y sus palabras piadosas, pero cuando se mueve de la influencia a la manipulación, lo alejará.

Dios cambia a la gente, nosotros no. Y Él no necesita nuestra ayuda para cambiarlos. Todo lo que Dios requiere es que oremos y que miremos nuestra vida.

2. *Enfocarse emocionalmente en los hijos.* Una vez que los hijos entran en el cuadro familiar, una madre puede transferir mucho de su enfoque emocional a ellos. Esto también puede causar alejamiento en la relación. El esposo puede sentir que él ocupa el segundo lugar en relación a sus hijos.

A medida que permite que sus hijos se interpongan entre usted y su esposo, se aumenta la distancia entre ustedes. Criar hijos causa estrés y ese estrés puede impactar negativamente su matrimonio.

Aun más, criar adolescentes es especialmente difícil. En realidad, las investigaciones indican que una de las épocas de mayor infelicidad en los matrimonios es cuando una pareja está educando adolescentes. Los adolescentes pueden ser emocionalmente agotadores. Si estos se han interpuesto entre usted y su esposo, decida ahora enfocarse en recuperar a su esposo en lugar de comunicarle a su compañero que sus hijos son más importantes para usted que él.

3. *Seguir sueños separados.* Cuando sus sueños y visiones los llevan en direcciones separadas, la distancia crece entre ustedes. ¿Qué sueños tienen en común? ¿Cuáles los llevan a separarse? Piense acerca de los sueños que ambos tienen en las siguientes áreas de sus vidas. Indique con una marca si cree que sus sueños y los de su esposo son igual, diferentes o no está segura.

Sueños sobre	Compartidos	Diferentes	No sabe
Matrimonio			
Niños			
Donde vivimos			
Finanzas			
Trabajo			
Religión			
Jubilación			
Otros:			

Demasiados sueños diferentes aumentan la distancia y levantan paredes en el matrimonio. Y si no conoce los sueños de su esposo en un área particular de su matrimonio, entonces es tiempo de preguntarle y escucharlos. Para parafrasear Proverbios 29.18: «Sin una visión o sueño, un matrimonio perece».

4. *No dar a conocer sus necesidades.* Ningún esposo es tan intuitivo para saber lo que la esposa necesita antes de que se lo diga. Imagine a un decorador de interiores tratando de redecorar su casa sin preguntarle lo que usted desea. Estar casados no hace que un esposo o esposa califiquen para ser un lector de mentes. Dios nos instruye a pedir lo que necesitamos, y !Él conoce nuestras necesidades! «Pedid, y se os dará; buscad, y hallaréis; lla-

mad, y se os abrirá, porque todo aquel que pide, recibe y el que busca, halla; y al que llama, se le abrirá» (Mateo 7.7-8).

Decídase a comunicar sus necesidades genuinas y realistas. Quizás en su matrimonio se han acumulado necesidades y expectativas inclumplidas porque no han sido comunicadas. Los ladrillos de las necesidades y expectativas no satisfechas se convierten en paredes de enojos sin resolver y amargura que obstruyen la comunicación y el amor.

Salga al encuentro de sus necesidades

Tal vez parte del distanciamiento entre ustedes sea el resultado de necesidades sin cumplir, de él o suyas. ¿Cuáles son las necesidades de los esposos en el matrimonio? Mientras que la prioridad de estas necesidades diferirá según el sexo, y de persona a persona, la lista básica de necesidades permanece constante para las parejas casadas.

¿Alguna vez ha hecho algo que considera amoroso para su pareja, pero él o ella no responde de una manera positiva? Un día, un bien intencionado marido experimentó esta misma frustración. El hombre quería hacer algo especial para su esposa, así que salió del trabajo temprano y le compró flores, chocolates y una tarjeta. Cuando llegó a casa le presentó los regalos con gran orgullo y exclamó: «¡Hola, cariño! ¡Te quiero mucho!»

Inmediatamente su esposa comenzó a llorar. «Todo ha salido mal hoy», explicó entre sollozos. «¡El bebé está de mal humor, la lavadora de platos no funciona y ahora vienes a casa borracho!»

Como ilustra la reacción de la esposa, algunas veces podemos hacer cosas para demostrar nuestro amor a la pareja, pero quizás no es esto lo que necesita. Muchos entendemos que necesitamos sentirnos amados. Sin embargo, lo que necesitamos no es necesariamente lo que nuestra pareja necesita. Por ejemplo, a mi (Greg) esposa, Erin, le gusta que le haga cumplidos sobre su apariencia personal. Por otra parte, si Erin nunca menciona mi apariencia, esto no me preocupa en lo más mínimo. Por lo tanto, como no necesito que Erin elogie mi apariencia para sentirme amado, tengo la tendencia a no reparar en la apariencia de ella. Este es un problema común que las parejas enfrentan: Tenemos una tendencia a demostrar nuestro amor en la misma manera en que nos gusta recibirlo. El problema es que nuestro compañero puede necesitar algo totalmente diferente a lo que le proporcionamos. Un factor importante en la satisfacción conyugal es descubrir las cosas específicas que su compañero necesita para sentirse amado. En otras palabras, descubrir su manual matrimonial.

Una manera sencilla de descubrir el manual matrimonial de su esposo es hacer una lista de lo que él necesita para sentirse amado. La animamos a separar varias horas de tiempo ininterrumpido con él y escriba cosas específicas. Cuando haga su lista, recuerde no juzgar, estar en desacuerdo o invalidar las cosas que su esposo dice. Recuerde, esto es lo que él necesita para sentirse amado. Además, escriba cosas que son observables. En otras palabras, en lugar de escribir: «Quiero intimidad», escriba, «Necesito que me digas que me quieres por lo menos una vez al día». «Haremos el amor dos veces por semana» y «Necesito que me preguntes cómo me fue el día». Estas frases específicas de comportamiento pueden ayudar a su esposo a traducir frases vagas en comportamientos específicos. Por ejemplo, la gente del Centro para Matrimonios e Intimidad Familiar en Austin, Texas, ha n identificado una lista de las diez necesidades más importantes en la relación íntima de una pareja.[1]

Ordene estas necesidades de acuerdo a sus prioridades personales de lo que necesita en el matrimonio:

___1. Aceptación. «Por tanto, recibíos los unos a los otros, como también Cristo nos recibió, para gloria de Dios» (Romanos 15.7).

___2. Aprobación. «Porque el que en esto sirve a Cristo, agrada a Dios, y es aprobado por los hombres» (Romanos 14.18).

___3. Aliento. «Por lo cual, animaos unos a otros, y edificaos unos a otros, así como lo hacéis» (Tesalonisenses 5.11).

___4. Soportar/llevar la carga. «Sobrellevad los unos las cargas de los otros, y cumplid así la ley de Cristo» (Gálatas 6.2).

___5. Afecto. «Saludaos los unos a los otros con ósculo santo. Os saludan todas las iglesias de Cristo» (Romanos 16.16).

___6. Seguridad. «Pedid por la paz de Jerusalén, sean prosperados los que te aman» (Salmo 122.6).

___7. Respeto. «Honrad a todos. Amad a los hermanos. Temed a Dios. Honrad al rey» (1 Pedro 2.17).

___8. Atención. «Para que no haya desavenencia en el cuerpo, sino que los miembros todos se preocupen los unos por los otros» (1 Corintios 12.25).

___9. Consuelo. «Bendito sea el Dios y Padre de nuestro Señor Jesucristo, Padre de misericordias y Dios de toda consolación, el cual nos consuela en todas nuestras tribulaciones, para que podamos también consolar a los que están en cualquier tribulación, por medio de la consolación. (2 Corintios 1.3-4).

___10. Apreciación. «Os alabo, hermanos, porque en todo os acordáis de mí, y retenéis las instrucciones tal como os las entregué» (1 Corintios 11.2).

Las necesidades en esta lista son generales. No son comportamientos específicos. Después de leer esta lista, ambos necesitan definir lo que cada palabra quiere decir para ustedes. Defínalas para saber cuando ellas aparezcan. Por ejemplo, la necesidad de apreciación puede significar algo diferente para ambos. Explique lo que significa para usted. Entonces pregúntese cómo usted y su esposo darían prioridad a estas necesidades. ¿Cuáles necesidades desea alcanzar y satisfacer en su vida? Si hay necesidades sin satisfacer en su vida, ¿está dispuesta a entregárselas a Dios, quien es capaz de satisfacerlas todas?

Después que entienda lo que su compañero necesita para sentirse amado, entonces necesita responsabilizarse en su cumplimiento. Su esposo le ha dado un tremendo regalo al anotar lo que necesita para sentirse amado. Ahora literalmente posee el manual matrimonial de su esposo. Le alentamos a que no permita que esta preciosa información se pierda. Una de las mejores formas de ser responsable es haciéndole una simple pregunta: «En la escala de cero a diez, con diez como máximo, ¿cómo lo he hecho esta semana al hacerte sentir amado de acuerdo a tus necesidades?» A medida que haga esta pregunta sin desistir, irá incrementando la capacidad de amar a su esposo de acuerdo a sus necesidades y no a las suyas propias.

Estamos convencidos que contestar este tipo de pregunta cada semana podría reducir los problemas maritales duraderos. Imagine lo bajo que serían los índices de divorcio si los conflictos, sentimientos heridos y enojos fueran resueltos en una semana. La clave es recordar que el amor es una decisión y no simplemente un sentimiento. Muchas veces no nos sentimos como que amamos a nuestro compañero. Puede, sin embargo, hacer la decisión de amarlo al hacer las cosas que fortalecen la relación. Recientemente leímos un poema anónimo que enfatiza la importancia de hacer una decisión diaria de amar a las personas en su vida.

El mundo que conocemos puede construir en horas
Un amor fantasioso con luz de luna y flores,
Pero el amor verdadero no es así, tiene altos y bajos,
Y debemos mantener nuestro rumbo, dondequiera que fluya.

Hice la decisión desde el principio
Que siempre te amaría con todo mi corazón;
Así que si mi pulso deja de palpitar cuando entras a mi cuarto,
Si mis días soleados se vuelven tristes,
Si las palabras dichas con enojo cortan hondo al corazón,
No te amaré menos, solo quizás, perdonaré más.

Las emociones son variables; no podemos vivir por capricho
Cambiar afectos como paja en el viento.
Hice mi decisión y seguiré con ella;
El amor es una decisión y ¡he decidido amarte!

Usted puede estar haciendo un gran progreso en recuperar a su esposo, o puede estar enfrentando la realidad de que los dos se están moviendo más lejos uno del otro. Necesita considerar esta posibilidad: Él podría no regresar.

Capítulo Doce

¿Qué si él no regresa?

Así que no son ya más dos, sino una sola carne; por tanto, lo que Dios juntó, no lo separe el hombre.

Mateo 19.6

El viaje para recuperar a su esposo comenzó con la decisión de que amar a Dios y a usted misma sería su objetivo primordial a lo largo de este proceso. Oramos para que mientras usted y su esposo se acercan a Cristo, comiencen a reducir la distancia entre ustedes y sean verdaderamente uno en Cristo Jesús. Y aun si usted no recupera a su esposo, el Novio la ama, y su posición en Cristo está llena con el propósito de Él y con posibilidades para su futuro en Él.

Hay varias razones por las que su esposo puede no regresar ahora. Considere estas posibilidades.

- Aún no es el tiempo que Dios ha elegido para que él regrese. Dios puede estar trabajando en él aún o en usted, preparándolos para una futura reconciliación.
- Dios usa el sufrimiento para producir «tesoros» en nosotros. Este tiempo de separación entre los dos puede ser el tiempo que Dios toma para ponerla en el torno del alfarero y moldear su vida a través de las dificultades y la presión. Aprenda las lecciones que Dios tiene para usted ahora. Si trata de escapar a la presión podría perderse una lección importante de Dios.
- Se está convirtiendo en una persona más fuerte y mejor en Cristo sin importar cómo responda su esposo. Su respuesta no determina la suya. Puede elegir crecer espiritual y emocionalmente sin importar cómo él se comporte con usted.
- Discutamos una última posibilidad. Puede cultivar todas las violetas del mundo para compartir con su esposo y puede construir la casa (relación) más atractiva, y es posible que él todavía no regrese. Podría estarse convirtiendo en todo lo que Cristo quiere que sea y aún así su esposo no cambia. Él tiene algunas elecciones que hacer también. Y es posible que su esposo sea patológicamente abusivo, colérico, o malvado. Si él no cambia, usted no querrá que regrese.

La pregunta final es simple: «¿Está libre para perder a su esposo?» Cuando es libre para perder a su esposo, también será libre para recuperarlo. Él no es suyo; le pertenece a Dios. Nosotros no poseemos ninguna cosa ni a nadie. Los compañeros son un regalo de Dios. Esto es exactamente lo que Patti entendió cuando le escribió a su esposo la siguiente carta de libertad:

He pasado algunos momentos muy duros desde que dijiste que querías irte hace nueve meses. Mi amor por ti es tan profundo que no podía enfrentar la posibilidad de vivir sin ti. Para una persona como yo, que esperaba casarme solo una vez y permanecer comprometida toda la vida, fue un choque severo el ver nuestra relación hecha trizas. Sin embargo, he buscado intensamente en mi alma, y ahora me doy cuenta que he intentado retenerte contra tu voluntad. Esto simplemente no se puede hacer. Cuando reflexiono sobre nuestro noviazgo y nuestros primeros años juntos, recuerdo que te casaste conmigo por tu libre elección. No te chantagié ni retorcí tu brazo ni te ofrecí un soborno. Fue una decisión que hiciste tú solo. Ahora dices que quieres tu libertad y, obviamente, debo dejarte ir. Estoy consciente de que no puedo forzarte hoy a quedarte más de lo que pude hacer para que te casaras conmigo. Eres libre para irte. Sé ahora que el comenzar el papeleo fue un error, simplemente porque eso no es lo que quiero (¡hace un año, hoy, ni nunca!). Así, en lo que se refiere a ese final debes saber que no iniciaré ninguna acción en esa dirección y que he destruido los papeles. Si nuestro matrimonio debe seguir ese fatal camino, lo dejo sobre tus hombros y es entre tú y el Señor. Los dos tenemos que contestarle a Él en nuestra propia forma y mi conciencia está limpia. Cooperaré si tu eliges ese camino y, por un tiempo, estaré dispuesta a una reconciliación.

Regreses a casa o te quedes fuera, es tu decisión y yo finalmente la acepto. Admito que esta experiencia ha sido una lección muy dolorosa para mí, pero los niños y yo lo lograremos; nos estamos adaptando muy bien a nuestra nueva vida. El Señor está conmigo ahora, y estará conmigo en el futuro. Tú y yo (y los niños) tuvimos momentos maravillosos juntos. Siempre tendré recuerdos de los buenos tiempos, y ahora miro hacia el futuro, de cualquier manera. Continuaré orando por ti y confío en que Dios te guiará.

La última «victoria»

Si su propósito al leer este libro ha sido fijar su mirada en recuperar a su esposo, ha sido corta de vista. Su propósito debe ser llenar el deseo de Dios para su vida. Si ambos están buscando a Dios, entonces el deseo de Él los hará cerrar la brecha entre ustedes. Pero si su esposo no quiere el propósito de Dios para usted y el matrimonio, entonces debe ser libre para dejarlo ir. Dios se encargará de él justo como lo hace con usted.

Si ambos están haciendo un compromiso para volver juntos en Cristo, entonces su dedicación debe crecer mientras que su conversación de separación y divorcio decrece y finalmente se extingue.

Paige quería desesperadamente recuperar a Alan. A pesar de que vivían separados, se presentó la oportunidad de trabajar en su matrimonio. La madre de Alan pagó la inscripción para que asistieran a uno de nuestros seminarios, «El amor es una decisión». A Paige le encantó. Alan solo lo toleraba. Él actuó indiferente y sin sentirlo. Mientras el seminario pareció reforzar cada cosa que Paige sentía, Alan estaba aburrido y sin inmutarse.

Cuando Paige trató cada cosa que sabía para lograr la atención y el afecto de su esposo hacia su matrimonio, la única respuesta de Alan fue: «Eres demasiado dominante». Le dijo a Paige que ella siempre lograba que los demás hicieran lo que ella quería, pero que él no tenía que cumplir sus deseos.

A pesar de sus esfuerzos, Alan eligió continuar viviendo fuera de su casa. Aún vive con un socio de trabajo en otro suburbio. Viene a ver a sus niños regularmente. Ya no se refiere a la casa de ellos como su hogar. Llama el lugar donde vive «su casa». Cada vez que hace eso, Paige se sobresalta y siente una puñalada en lo más profundo. Ella reconoce que el compromiso de Alan hacia el matrimonio continúa disolviéndose y se pregunta qué puede hacer para transformar su falta de compromiso hacia el matrimonio.

Agregado al dolor de Paige está la realidad de que la familia de Alan no la apoya en sus esfuerzos para recuperar a su esposo. Una de sus cuñadas conscientemente se niega a llamarla su «cuñada». La hermana menor de Alan contesta el teléfono cuando llama Paige y anuncia: «Alan, tu mujer está al teléfono». Se niega a referirse a Paige como la esposa de Alan. Sus suegros ya piensan de Paige y Alan como si estuvieran divorciados.

¿Qué haría si estuviera en la situación de Paige?

Básicamente, tendría dos opciones: pelear o huir. Usted podría pelear por su matrimonio sin importar su respuesta o podría huir del matrimonio. Ella permaneció comprometida para recuperar a su esposo pero no hizo que él o sus problemas matrimoniales fueran el centro de su vida.

Mientras busca cómo recuperar a su esposo, hay algunos compromisos básicos que deben hacerse. Estos compromisos son unilaterales. Eso significa que hará la decisión para actuar y luego actuará para recuperar a su esposo sin importar la forma en que él esté actuando ahora o cómo le responda. El primer compromiso es con usted y su relación con Dios. La naturaleza de este compromiso es: Estoy comprometida a crecer en cuerpo, alma y espíritu sin tomar en cuenta el compromiso de mi esposo con él mismo, conmigo, o con el Señor.

Debe decidir hacer un compromiso unilateral. Emergerá después de esta época de su vida como una triunfadora ya sea que recupere o no a su esposo. Es importante seguir adelante con su vida cumpliendo el destino de Dios para usted.

Una vez que haya hecho este primer compromiso unilateral, un segundo compromiso es necesario. Debe decidir trabajar para recuperar a su esposo sin tomar en cuenta la forma en que él responda en ese momento. Él puede o no mostrar un interés inicial en acercarse a usted. No obstante, su decisión debe ser seguir adelante en lo que hemos estado examinando, con él o sin él. Así, su próximo compromiso es: Estoy comprometida a recuperar a mi esposo con su apoyo o a pesar de su falta de interés.

Podría tomar algún tiempo antes de que su esposo responda. Mientras mayor sea la distancia entre ustedes, más tiempo tomará antes de que responda a cualquier iniciativa de su parte.

Resumen

Considerando que su esposo ama al Señor y está abierto a que Cristo trabaje en él así como lo hace Él en usted, debe comenzar a construir una nueva casa de acuerdo a los proyectos básicos que describimos dentro de las páginas de este libro. Revisemos los pasos más importantes a tomar para recuperar a su esposo.

1. *Permita que Cristo llene su vida.* Debemos dejar de mirar a la gente, los lugares, y las cosas para llenar nuestras «copas». El consejo de Heidi para otras mujeres que intentan recuperar a su esposo hace eco de este mismo mensaje: «Busque primero al Señor y la relación con su esposo en segundo lugar. Si busca a Cristo y arregla su propio corazón, Él proporcionará el poder para alcanzar el amor y la fortaleza incondicionales cuando se sienta rechazada por su esposo. En realidad, Dios me dio un maravilloso brindis la noche de la boda de mi hija: "Ama al Señor tu Dios

con todo tu corazón, con toda tu alma y con toda tu fuerza!" En mis propias palabras:

»Ama al Señor.
Obedece al Señor, sin importar lo que te cueste.
Agradece a Él en todas las cosas y confía en Él para todas las cosas.
Busca a Dios primero y entrega todo a Él.»

»La relación con el Señor, buscarlo a Él, buscar su Palabra, y obedecerlo, deben venir antes de "El amor es una decisión". Entonces manará de sus corazones ríos de agua viva».

2. *Llegue a ser completa*. Paige aprendió esta valiosa lección cuando escribió: «He visto toda clase de cambios en mí desde que mi esposo se fue. Pienso que yo era demasiado dependiente. Era muy independiente antes que nos casáramos. A medida nuestro matrimonio proseguía, me volví más dependiente de él. Lo que me ayudó fue recordar las cosas específicas que yo hacía antes de casarnos y que me daban independencia. Simplemente comencé a hacer esas cosas de nuevo. Con la ayuda de Dios, yo sé que me llegando a ser completa en cuerpo, alma, y espíritu».

3. *Ore por su esposo*. Amber dio el siguiente consejo: «Ore todos los días por su esposo. Es la cosa más poderosa que puede hacer por su esposo. No tiene nada que ver con el maquillaje que use ni con su talla. Si está orando por su esposo y siendo la mujer que Dios quiere que sea, será la esposa que su esposo necesita».

4. *Busque apoyo*. Recibir ayuda por medio de consejeros, intercesores, amigos y grupos de apoyo es vital durante este período. Como mi (Gary) esposa comentó, «Ahora me doy cuenta de lo importante que fue buscar apoyo en un grupo de amigos cuando trataba de recuperar a mi esposo. El grupo me hizo com-

prender que no estaba sola en mi dolor. Otras personas estaban atravesando situaciones similares. Esto fue una tremenda fuente de consuelo».

5. *Haga lo necesario para recuperar a su esposo.* Al inicio preguntamos: «¿Qué debemos hacer para volver a desarrollar, empatar y tener una buena relación?» La esencia de esto es a favor de la acción, no de la reacción. Deje de responder a las palabras y comportamientos de su esposo y decida responder basada en su dedicación y compromiso. Establezca el nivel en el que quiere que la relación crezca y entonces trabaje hacia ese objetivo. Esto produce esperanza. El compromiso dedicado también toma tiempo. La dedicación implica contar el costo en términos de tiempo, inversión emocional, finanzas y arduo trabajo en la relación. Recuperar a su esposo no será fácil. Probablemente tomó años para llegar a la presente difícil situación; no puede esperar éxito inmediato en la sanidad de su matrimonio. Su grito de combate deben ser las mismas palabras que Winston Churchill pronunció: «Nunca te rindas. Nunca, nunca te rindas. Nunca, nunca, nunca te rindas».

6. *Invierta tiempo con su esposo para trabajar en soluciones.* Su objetivo es mover el enfoque de los problemas a las soluciones. No se enfocará más en lo que no ha funcionado, pero sí en lo que ha funcionado en el pasado, lo que ambos necesitan ahora y lo que puede funcionar en el futuro. En otras palabras, en lugar de tratar de extirpar los problemas de su relación, va a cultivar violetas africanas. Además, generen soluciones que sean realistas y que den esperanza el uno al otro. Ambos podrían ponerse de acuerdo en citarse para salir los jueves en la noche. Durante estas citas compartan las cosas que ambos necesitan que ocurran para hacer un compromiso más profundo con la relación.

Dedíquese a un cambio positivo y piadoso. Primera de Pedro 3.1-2 habla acerca del poder de recuperar a su esposo sin una sola palabra. El poder de una vida cambiada, honrándolo verdaderamente a él en una forma piadosa y sin ocultar nada, le demostrará a su esposo su compromiso y dedicación para recuperarlo.

7. *Honre a su esposo, aun cuando él no se lo merezca.* El antiguo dicho dice que el respeto debe ganarse. Pero la honra, la estima y el respeto deben darse como un regalo. La honra incluye el mirar a su esposo como un tesoro incalculable y otorgarle a él una posición altamente respetada en su vida. La honra también incluye servir antes que ser servido y dar antes que recibir. Honrar es perdonar aun antes que el otro se arrepienta, amar aun si uno no es amado a cambio. Nosotros no la estamos exhortando a ser una alfombra de la puerta. Todo lo contrario, sea la sirvienta de Dios. La diferencia entre ser una sirvienta y una esclava es que una sirvienta de Dios es usada por Dios; los esclavos son usados y abusados por otros.

8. *Abra el «espíritu cerrado» de su esposo.* El enojo causará estragos dentro de su relación a menos que sea resuelto. Es como un virus que entra en una computadora. De repente esta máquina de varios miles de dólares es reducida a un caro pisapapel. Igualmente, abra el espíritu enojado y cerrado de su esposo por medio de la suavidad, entendimiento, reconocimiento de sus errores, el contacto físico y pedirle que la perdone.

9. *Perdone, pero no olvide.* No solo el espíritu de su esposo puede estar cerrado, sino a menudo su propio espíritu ha estado cerrado como resultado de los sentimientos heridos, el temor, la frustración, amoríos o el abuso. Cuando perdonamos a nuestro compañero nos movemos hacia ser más semejantes a Cristo, demostramos amor, y esto libera nuestra alma. También, perdonar a nuestro compañero hace posible identificar los «tesoros» que

hemos ganado a través de nuestro dolor y nuestras pruebas. No queremos olvidar nuestro dolor; sino más bien, aprender de él.

10. *Establezca límites saludables en su vida.* Si su esposo no responde del todo, no desea hacer un compromiso o dedicarse a trabajar en la relación quizás tenga que decir: «Empaca tus cosas. Vete de aquí». Esta es la esencia del amor difícil. Esto puede motivar que muchos esposos vean la realidad y severidad de la situación. No hemos visto más esposos motivados que cuando una mujer finalmente dice: «Esto es todo». Un compromiso con el amor difícil demuestra que está tomando un enfoque serio y activo de su relación matrimonial.

11. *Comuníquese para recuperar a su esposo.* En lugar de abrumar a su esposo usando demasiadas palabras, peleando sin reglas, proyectando culpa, o usando palabras ásperas, emplee un poderoso método de comunicación para reconciliarse con su esposo. La técnica de escuchar tipo «compre sin bajarse del carro» ayuda a que cumplamos con lo que se nos ordena hacer en Santiago 1.19: «Por eso, mis amados hermanos, todo hombre sea pronto para oír, tardo para hablar, tardo para airarse».

12. *Trate de suplir las necesidades de su esposo.* Esto es, las necesidades que puede honesta y realmente llenar a través del poder y la fortaleza de Dios. Sea una estudiante de las más importantes necesidades de relación de su esposo. De nuevo, nunca llenará todas las necesidades de su esposo; sólo Dios lo puede hacer. Pero identifique una cosa, aun una cosa pequeña, que desee hacer o decir para comunicar que se preocupa por él. Como dijo Sarah: «Siéntese y pregunte a su esposo qué necesita o cómo lo puede servir».

13. *Entregue su esposo a Cristo.* Sandi tuvo que hacer la decisión de permitir que su esposo se fuera. Se acercó más al Señor y alcanzó un entendimiento y aceptación profunda de sí misma

como hija de Dios a través de todo este proceso de recuperar a su esposo. Aun así, su esposo no regresó. Fue una decisión difícil pero ella lo ha dejado ir. Igualmente, usted necesita ser libre para perder a su esposo para que pueda ser ser libre para recuperarlo. Recuerde que nuestro compañero es un regalo de Dios. Debemos entregar nuestro compañero a Cristo para que Él pueda hacer un milagro.

Una palabra final

Tenemos noticias maravillosas para usted . Aun si su esposo no regresa, necesita hacer este viaje para usted misma, para profundizar su relación con Dios y estar firmemente enraizada en su identidad en Cristo. Su belleza y valor vienen de Cristo, no de su esposo. ¡En Cristo gana aunque no recupera a su esposo!

Queremos terminar con las palabras inspiradoras de una mujer que nos escribió después que su esposo se fue. Ella está en el proceso de toda la vida de recuperar a su esposo.

Mi nombre es Stacy y he pasado por muchas cosas aun antes de tener dieciocho años. Tuve un hijo (Kris) a los diecisiete años después de ser violada. He sido lo que mis amigos llaman una fuerte sobreviviente. Sin embargo, Dios ha sido mi única fortaleza a través de todo esto.

Conocí a mi esposo, Jim, en 1990. Él era muy bueno y cariñoso pero no lo quería más que como amigo. Después comenzamos a salir. A mi hijo realmente le gustaba y Jim se preocupaba por él y mis abuelos lo querían también.

En 1993 nos casamos. Seis meses después de la luna de miel todo empezó a cambiar. Me volví amargada hacia mi esposo. Él me trataba muy diferente. Entonces puse mi esfuerzo en un empleo trabajando con jóvenes. Ellos necesitaban a alguien que realmente se preocupara y yo necesitaba preocuparme por alguien. Quería más hijos pero de repente, Jim no quería. Quería hablar acerca de mi trabajo. Él se negaba a tomar parte en cualquier conversación sobre mi trabajo. Jim dejó de ser amigo y padre para Kris, y yo me encontré llamando a Kris «mi hijo» en lugar de «nuestro hijo». Por supuesto, lo inimaginable ocurrió. Tuve un breve romance en mi trabajo que resultó en otro embarazo. Mi hermano no pudo esperar para decírselo a Jim. Debido al estrsé y el alboroto, tuve un aborto.

En 1994 Jim y yo nos separamos. Durante los siguientes meses salimos pero nunca nos volvimos a unir. Comencé a recibir consejería, leí en las Escrituras cada pasaje sobre ser una esposa, el matrimonio, el amor y las relaciones. Compré libros. Hablé y oré con el Club 700, Enfoque a la familia, y otras organizaciones comprometidas en las relaciones familiares. Tristemente, he perdido muchos amigos con mi decisión de permanecer casada.

Después de más de dos años de separación, Jim dejó de hablarme del todo. Esto era como si mi vida se acabara. Lloraba todo el tiempo. Pero fui dejada para amarlo desde la distancia. Por varios años, solo he contado con el apoyo de mis suegros. La hermana de Jim me rechaza debido al tiempo que hemos estado separados. Jim ha dejado la iglesia y no ha hablado de reconciliación.

Asisto a una nueva iglesia que me ha dado mucho apoyo y aliento. Dios ha hecho mucho en mi vida. Tengo un empleo nuevo trabajando con personas retardadas mentalmente. Tengo un profundo deseo de ser una esposa y apoyar a mi esposo. He hecho la decisión de que quiero que nuestro matrimonio funcione. Tomo el matrimonio muy seriamente. Mi papá se casó cinco veces y mi mamá dos o tres veces. Yo no quiero ser una divorciada. Quiero vivir y morir con mi esposo como mis abuelos quienes estuvieron casados más de sesenta años. Ellos murieron en dos meses uno del otro y pasaron sus cumpleaños juntos en el cielo.

Sé que todos los videos sobre relaciones, casetes, y libros que leí no traerán a Jim de regreso a casa. Solo Dios puede hacer esto. Algún día espero escribirle una carta dando alabanza a Dios porque Jim ha regresado. Pero hasta ese día, me mantengo fuerte como la mujer que Dios quiere que sea. Oro, ayuno y lloro. Le demuestro a Jim amor y honra. Lo más importante, nunca olvido que estoy casada.

Nuestras oraciones y aliento van con usted en su viaje por recuperar a su esposo.

Notas

Capítulo 1

1. Un cuadro verbal emotivo es un mecanismo de comunicación, como una palanca que enlaza y estimula las emociones y el intelecto de una persona simultáneamente. Al activar ambos sentidos al mismo tiempo, el cuadro emocional permite que escuchemos y experimentemos las palabras de otro. Los cuadros de palabras sin duda, son una forma poderosa de llevar nuestras palabras directamente a los corazones de otra gente. Pero también, los cuadros de palabras pueden ayudar a otros a que instantáneamente lo entiendan a usted. Para profundizar en este poderoso método de comunicación vea: *El lenguaje del amor* del Dr. Gary Smalley y el Dr. John Trent.

Capítulo 3

1. Gary Oliver, *Made Perfect in Weakness* Colorado Springs, Chariot Victor Publishing, 1995, p. 51.

Capítulo 5

1. Winston Churchill, as quotoed in John Bartlett, *Familiar Quotations*, 15ᵗʰ ed., Boston, Little, Brown, 1980.

Capítulo 6

1. Gary Smalley, *Joy that lasts*, Grand Rapids, Zondervan, 1986, p. 49.
2. John Gottman, *Why Marriages Succeed or Fail*, New York, Simon & Schuster, 1997, p. 191.

Capítulo 10

1. A.W.Tozer, *Five Vows for Spiritual Power*, Harrisburg, PA, Christian Publications, 1990, p. 12.

Capítulo 11

1. David Ferguson and Don McMinn, *Top 10 Intimacy Needs*, Intimacy Press, 1994.